衣 服 之 王

优衣库掌门人柳井正

张 斌/著

中华工商联合出版社

图书在版编目（CIP）数据

衣服之王：优衣库掌门人柳井正 / 张斌著. -- 北京：中华工商联合出版社，2020.1

ISBN 978-7-5158-2705-6

Ⅰ.①衣… Ⅱ.①张… Ⅲ.①服装企业－工业企业管理－经验－日本②柳井正－生平事迹 Ⅳ.①F431.368②K833.135.38

中国版本图书馆CIP数据核字（2020）第 011497 号

衣服之王：优衣库掌门人柳井正

作　　者：	张　斌
责任编辑：	胡小英
封面设计：	周　源
责任审读：	郭敬梅
责任印制：	陈德松
出版发行：	中华工商联合出版社有限责任公司
印　　刷：	盛大（天津）印刷有限公司
版　　次：	2020年4月第1版
印　　次：	2024年1月第2次印刷
开　　本：	710mm×1000mm　1/16
字　　数：	220千字
印　　张：	15.75
书　　号：	ISBN 978-7-5158-2705-6
定　　价：	58.00元

服务热线：010-58301130
销售热线：010-58302813
地址邮编：北京市西城区西环广场A座
　　　　　　19-20层，100044
http://www.chgslcbs.cn
E-mail: cicap1202@sina.com（营销中心）
E-mail: gslzbs@sina.com（总编室）

工商联版图书
版权所有　侵权必究

凡本社图书出现印装质量问题，请与印务部联系。

联系电话：010-58302915

前 言

在坚毅而能负载的精神里面，存在着尊严；在傲立着的尊严之中，存在着意志力；在意志力中存在着对最重的负担的内在渴求；在渴求之中，存在着欲望的爆发力。

——尼采

柳井正，这个日本名字已经越来越被更多领域更多国界的人群所熟悉。2009年、2010年蝉联两届日本首富这一头衔，2015年，他再次成为日本首富，他任一时刻发出的声音，都会引起全球服装商业领域的震荡。这位近70岁的日本老人，把人类最朴素的生活哲学活用于现代商业实践中，形成了影响一个时代的商业智慧。

日本在第二次世界大战宣布投降的四年后，柳井正于1949年2月7日出生了。同年，其父在山口县创办小郡商事，卖西装给那些在金融行业工作的上班族。柳井正有一个姐姐，两个妹妹，身为独子，父亲从小对他管教严厉，告诉他：“无论做什么事，都要做到第一名！”

除了考上高中和大学的两次称赞，柳井正几乎回忆不出父亲对他的微笑。父子之间的关系彼此较量又彼此信任，因为同样经营服装商业，这样一个日本家庭中的两个男人，很难不形成微妙的对峙关系，柳井正充分继承了父亲不服输的性格。

柳井正一生的转折点从接手父亲商业的那一年开始，在此之前，他厌烦学业，讨厌学生运动，更乐此不疲于看漫画、打游戏、搓麻将等个人喜好里面。早稻田大学毕业后，柳井正在父亲的安排下，进入著名的百货卖场佳世客（JUSCO）打工，工作九个月后离职，接手父亲经营的西服店。

　　初涉商场，冷酷的经营现状让他很快抛掉富家公子的一切惰性，他与剩下的唯一一名店员一起进出货，兼做会计出纳，帮助客人量身定衣。一向严厉的父亲没有责备柳井正此时的狼狈经营惨状，索性将公司账本和印章交付给他。那一刻，从小到大轻如耳边风的"第一名"家训，瞬间在心中定锚。

　　战后的日本，美国文化日渐渗透。GAP、Limit这些美式服装品牌代表的侵入，蚕食着日本传统西装的生存空间。柳井正就近观察父亲转型经营休闲服装的大卖场，发现休闲服饰的销售日渐火爆，打破了西装店一人次一年只购买三次左右的经营水平。

　　1984年6月份，柳井正成立了优衣库服装公司，在广岛开设一号店。自助式销售方式，从开店伊始就引起轰动。

　　1988年3月，优衣库在香港与当地人合资，准备成立一家商品采买公司时，承办公司登记手续的人误把"UNICLO"的"C"写成了"Q"。由于从字体上看，发现换成"Q"后，视觉效果反而更好，于是柳井正决定把公司所有店铺的名称，包括日本国内店铺的名称，全部换成"优衣库"。

　　1991年柳井正把公司名称由小郡商事改为迅销，具体实施迅速销售行动方针。

　　1994年，公司在东京广岛证券交易所上市，资金上的压力舒缓了很多。之后他抓住了中国改革开放的机会，迅速将工厂与进货对象移往中国大陆，为保证品质，柳井正雇用了大批退休的日本熟练老师傅，前往当地监管品质质量并转移所有技术；其后以低价却品质又不差的产品返销日本，横扫市场，获得巨大的成功。

之后的几年，柳井正在跌宕起伏的商海浪潮中成败更迭，发展轨迹影响全球。

2001年，柳井正率领团队寻求国际市场突破，首先在伦敦设点，2002年在中国上海设店，随后在美国、韩国、中国香港和新加坡开设"优衣库"服装店。2005年"优衣库"品牌在巴黎成立其第四个设计中心。迅速收购美国和法兰西的成衣、内衣品牌，同时在日本和其他国家进行品牌推展，无论对"优衣库"自有品牌还是其他品牌（包括在国外购买的品牌）均实行积极发展的战略。

2009年4月16日，柳井正携手马云向全世界宣布，优衣库在淘宝网开设其在中国境内的网络购物旗舰店。这一举措，同样引发业界轰动。柳井正这个睿智的老人，自然有他过人的考虑：优衣库在中国实施电子商务，是因为现在线下的实体店的数量较少，难以覆盖到中国大量的次级城市和偏远地方，他希望通过互联网将优衣库的商品和品牌辐射到全中国。

回首凝望，接班12年后，昔日的小镇公子哥把父亲的西装店成功转型，创立了优衣库王国。日本摩根士丹利证券主席调查员小田幸美在2009年5月底的日本《钻石周刊》指出，优衣库营业额在世界七大休闲服饰企业中排名世界第五，利润率世界第四，股价市值世界第三。

这是个相当了不起的成绩。

2010年，柳井正以"日本首富"登上《福布斯》杂志封面。2009年整体营业额高达6850亿日元，年获利达1086亿日元，较2008年增长24%。在丰田汽车2008年单年亏损及日本航空赤字连篇的背景下，优衣库在日本企业中成为"一枝独秀"的玫瑰。

2016年的美国《福布斯》杂志发布的当年全球富豪榜中，柳井正以146亿美元的资产力压软银集团的孙正义，再次成了日本首富，这已经是他第五次夺得这个称号了。

柳井正也因此被称为日本战后继松下幸之助、稻盛和夫之后的新一代"经营之神"。日本产业能率大学举办年度最佳社长票选，柳井正更连续两年被五百多位社长选为"最佳社长"，赢过丰田汽车社长丰田章男。

2019年4月，在美国《福布斯》杂志公布的最新日本富豪排行榜中，柳井正击败软银集团董事长兼总裁孙正义，再次登顶日本首富宝座，并排名2019年福布斯全球亿万富豪榜第41位。优衣库品牌自然更受世界瞩目。

近年来，在柳井正的运营管理下，在渠道方面，优衣库正以全新的网站连通全球分销渠道；在产品方面，除了加强基础产品线，还将在线上发售独家单品，并计划加快在以亚洲为主要的海外市场的扩张，尤其强调2020年中国市场。

求索人知道如何求索世界。柳井正这位70岁的求索老顽童，在团队面前，在竞争对手眼中，在全世界商务人士眼中，一次次地把惊奇发挥到极致。他不动声色地投入不可动摇的意志力，在创造出企业价值的同时，也使个人生命充盈起来。

企业家是"过来人"，曾经在某个领域拥抱并征服过整个世界，柳井正便是这样的过来人，他在全世界的欢呼和震惊声中，依然继续着自己对这个世界的拥抱与征服。一如炼金术士在寻找金子的过程中，发现了火药、医药，甚至自然定律，柳井正在自我人生与事业拓展的关系互补中，在追逐财富与自我创新的变革过程中，发现了属于人类的真正内在的财富：创新、灵感、思维与判断力。这个在财富与权势上别无所求的老人，他一生的成长记录会为我们倾诉更为动人的心曲。

阅读本书，感悟柳井正的创业历程，应该是一件快乐甚至兴奋的事情，很多简单而朴素的生存哲学，会在不经意间以一种新鲜的触觉扑面而来。我们潜意识中的某些东西，会在不知不觉间被这个智慧且富有的老人，以人生感悟或创业忧思的言语而重新激活。我们会惊奇地发现，自己原本沉寂内心深处的许多见识与心智，由此获得了极大的满足。它们会在我们新的人生和事业之旅中，点燃新的激情，不断创造属于自己的奇迹。

目 录

第三章

梦想照进现实

第四章

蜕变成蝶

第五章

打造优衣库王朝

第六章

主宰优衣库

第十章

新时代的革命

第十一章

中国梦和未来心

懵懂的青春期

从童年说起

1949年，是二战结束后的第四年，作为柳井家的四个兄弟姐妹中的长男，柳井正出生在日本山口县西部地区名叫宇部市的银天街。那时，银天街在宇部市属于首屈一指的繁华商业街，直到柳井正考上早稻田大学去东京之前，18个年头的人生都是在这里度过的。

柳井正在报纸的报道中如此回忆他的童年时代：

"我还是个孩子时，日本正逢经济高速增长期，商业行情也越来越好，商业街也充满了生机。煤矿周围有很多性格粗暴的人，出手很大方，但是那个地方偷盗的人也不少，稍微不注意就有客人拿着衬衫和毛衣逃走了。那时候也经常能够看见店员在后面追小偷的情景。"（《日本经济新闻》，2006年10月16日）

在柳井正年幼的记忆中，还有那些脖子上挂着募捐箱，边拉奏手风琴边抽签度日的伤残军人，那些穿着破烂、无家可归的人，还有那些门可罗雀的商铺，对他而言，是一段内心复杂的时代。好在当时每个人都在努力尝试着让自己回到正常的生活中。每天早晨，城市的每一条街道，都可以看到行色匆匆的上班男女，拎着皮包贯入各个办公大楼；晚间的电视节目中也早已找不到任何宣传法西斯思想的桥段了，娱乐节目开始不断增多。日本的战败，让民众们终于回归了理智。

柳井正的父亲柳井等便是这样一个典型。就在柳井正出生的这一年里，柳井等在山口县的宇部市创立了男士服装零售店"小郡商事"，以贩卖和定做高级男式西装为主。

在这之前，柳井等一直在伯父开的西装店里做学徒工。在所有活计里，学徒工是最辛苦且工资最少的一个工种。那些店主们总是打着教学收徒的口号，实则堂而皇之地使用这些廉价劳动力，不论是端茶倒水还是取信送报，这些统统都归属于学徒工的工作范畴。所以学徒工想要学到真正的经商门道，可不是一两天就能够悟到根本、抓到精髓的。

柳井等深谙此道，所以在学徒的过程中格外用心。很快，那种从传统的楼道里一步步走来的西装店，其所保留的最古老、最传统且最死板的经营模式在柳井等的脑海中形成了。于是柳井等渐渐生出了自己开店的想法，作为师父和长辈，其伯父自然不会阻碍他的发展。就这样，柳井等带着自己从伯父那里学到的手艺和经营理念自立了门户，店铺就开在了临近车站的商业街上。

当时，为了节省开支，柳井正与家人就挤在店铺的小阁楼上，他的"房间"只是一个十分狭小的空间。他每天最高兴的事情，就是坐在自己的"小房间"里去看外面的世界，这看起来百般无聊的时光，却也充满了乐趣。因为柳井正发现在他家附近陆陆续续开了很多玩具店和书店，没有哪个孩子不喜欢玩具和动漫书的，柳井正也不例外。

那个时候，柳井正总是望着那些玩具店，眼中充满了期待。当时全家人的生计都在父亲柳井等一个人的身上，再加上西装店这一行业的特点在于，可能某一个订单做成了，取得的盈利就足够全店铺的人过上一阵好日子。但往往现实情况却是，总是需要等好久才能迎来一个比较大的订单。这不是正常的生存之道，但柳井正一家却只能靠这种模式来维持生计，因此，生活的压力可想而知。那些琳琅满目的玩具，柳井正只有看看的份儿。在他小小的脑袋里，渐渐衍生出一个想法：长大以后要开一家玩具店，这样所有的玩具就都是自己的了。

比起玩具，书籍似乎要实惠得多。于是柳井正大部分的时间都泡在书店里，沉浸在书中那些他未曾接触过的领域中。时间一长，柳井正和书店的老板也熟悉了起来。书店的老板是一个略微有些秃顶的男人。因为和柳井等的西装店铺是邻里关系，老板对柳井正就显得格外宽容。柳井正喜欢漫画，所以书店每次有新漫画上市的时候，老板总是不忘喊柳井正来先过把眼瘾。老板还时不时地把一些过期书刊赠送给他，这让柳井正感激不尽。

在这个书店老板的身上，柳井正感受到的不仅是邻里之间的和气，他似乎更看到了自己期望中的父亲的影子，父亲应该是和蔼的，对孩子们也总是充满了笑容。可这一切也只能是自己的幻想，因为父亲柳井等从未对他这样和蔼过，柳井等的教子之道，只有两个字——严厉。

向老爹学习

在日本的家庭教育上，男孩子和女孩子有着明显的区别。因为家族的产业最终都会由家中的男孩子来继承，尤其是柳井正作为家里唯一的男孩，从小父亲对他的态度，不是过分的溺爱，而是过分的严厉。比如：女孩子们可以自由地去做自己喜欢的事情，作为男孩子的柳井正就不可以，他必须按照父亲的意愿去做。

因为自己没有受过学校的教育，所以柳井等将希望都寄托在了唯一的儿子——柳井正身上，他希望儿子能够接受教育，并且有一个好的学习成绩。但现实却事与愿违，上了小学后的柳井正学习成绩并不理想，至少没有达到父亲柳井等对他的期望水平。因此，打骂成了柳井正的"家常便饭"。

为了躲避来自父亲的打骂，每天晚上，柳井正总是赶在父亲回来前就上床睡觉。即便睡不着，躺在床上数星星，他也不愿意面对父亲那张严厉的脸。

而在众人的眼中，只要柳井等在场，柳井正总是会温顺得像一只绵羊。人人都夸柳井等生了一个好儿子，但只有柳井等自己知道，这个儿子究竟是有多么让人操心；同时也只有柳井正自己知道，他是究竟有多么讨厌这个父亲。

在这样的教育模式下，柳井正并不会、也不敢做出什么出轨的事情来。同样的道理，他想要获得区别于常人的成功也是很困难的事情。但好在，在父亲的严加管教之下，柳井正顺利地考上了初中。到了初中，但凡涉及家长、学校和孩子三者面谈的情况时，无论多忙，父亲柳井等都是亲自出席，即使是家访，也完全是由父亲出面接待。

这个时候的日本，在经济上得到了美国的大力援助。随着大批资金的涌入和西方商业思想的灌输，日本开始走上一条通往现代市场经济的高速路。在大城市里，高楼大厦遍地而起，人们早出晚归，出没于各个高档写字楼之间。当市场经济渐趋成熟之时，银行业和证券业成为最有吸引力的行业。人们争先恐后地想要在这两个充满挑战性的行业中谋得一席之地。而在日本，从事银行业和证券业有一条不成文的规定，每位员工都必须身着西装，以此给客户留下足够的信任度。为此，身处金融、证券等相关行业的员工们，开始在城市内外的大街小巷搜寻上好的西装店。

快节奏的生活，让人们已经不能满足买一件西装要等上十多天甚至一个月的时间了。如果自己能够让人们立刻穿上新的西装离开，那么无疑会为忙碌的人们节省下不少的时间。柳井等认为这是一个很好的契机，于是他将传统的西装定制店变成了西装成衣销售店，并起名为"小郡商事"。

虽然卖的东西还是西装，但是在经营理念上却有了天壤之别，已经从手工作坊走上了商业发展的道路。但任何形式的创业都不是简单的事情。有人曾经戏谑地说，成功者在艰辛地爬上了大楼后，他总是会先撤掉自己的梯子，然后向楼下的崇拜者们大喊："飞上来吧，你看我就是这么做的！"在柳井等没有经历过失败之前，的确小看了"经商"这个问题。

告别了传统的西装店，就意味着柳井等放弃了自己一度坚守的、赖以生存的思维模式，开始真正去接触以贩卖为主的经商思维。这种巨大的转变，最初让已经不再年轻的柳井等苦恼不已。面对纷繁复杂的竞争环境，柳井等自以为"满腹经纶"，但终究经不住市场的真正考验。其实在柳井等这么多年的学徒生涯中，他只学会两个词，那便是情理和道义。他不懂得应该如何去经营自己的生意，更不懂得在做任何买卖之前都要先树立起自己的经商理念。不同的理念代表着不同的企业文化，没有理念的经营，如同行尸走肉。

因为不再是定制的西装，意味着每件西装都是没有主人的，柳井等每天最焦虑的一件事情，就是西装会卖不出去，如果卖不出去就没有收入，没有收入就没办法生活。所以那时候，柳井正听父亲说的最多的一句话，就是："如果没人买我们的衣服，我们就会饿死。"这种危机感深深地影响到了柳井正，几乎成为他身上的烙印。

为了能够尽快从这种困境中走出来，柳井等几乎每天都是早出晚归，回到家后，与妻子谈论的话题也无非是"今天卖出去了多少件""今天没开张呀"，从当天的生意到应缴纳的税金，总也离不开经营。在少年柳井正的心中，一个商人的形象就这样呼之欲出了。

虽然柳井等这一步"棋"走得有些艰难，但这总比一辈子像上一代人那样固守不合时宜的经营模式要积极、奏效得多。作为这一过程的见证者，柳井正从那个时候就明白了一个道理——经商的能力不是从店铺中学来的，只有真正地去接触市场，去靠自己大量的实践经验，才能最终摸到自己的经商门道。

对于晚辈而言，没有什么比"言传身教"来得更加实在和有用。柳井正对他父亲的印象，最深的就是这些失败的经历。这让柳井正意识到，一个经商者首先应该有一颗具备商业思考模式的大脑。如果经商者始终站在自家店铺的门槛之上，就永远无法摸清时代变化的脉搏。

不管父亲的经商过程艰辛与否，潜移默化地，都对柳井正发挥着启蒙的作用。如果没有受到父亲的影响，今天的柳井正不一定能够走上经商这条道路，并且走得如此辉煌。父亲的这些经历成为无数在成长中不断回忆和体味的片段，最终绘成柳井正心中的一个标杆，时刻提醒着奔跑中的自己，不仅是抵达，更是不断地超越！

正太也有烦恼

当西装店的生意开始有了起色后，柳井等雇了几个打杂的学徒伙计。每天早中晚饭的时候，大家都会坐在一起吃。当时店铺里通行的准则是在吃饭的时候不允许说话，如果不快点把自己的饭吃完，就必定会被责骂。

所以每一次吃饭，柳井正都感觉像是要逼自己上刑场一样，可惜柳井等似乎并没有意识到这一点。对于父亲的苛刻，柳井正起初并不能理解。他更不能理解父亲总是对他说的那句话："要做第一名，不管是在什么方面，只要给我拿回第一名就行！"

这句话在已经是个中学生的柳井正听来十分刺耳。他已经不再是一个小孩子了，而是一个有思想的少年，他也有着自己的梦想，可现实是他总是被父亲掌控在手中，这让柳井正十分不快，甚至产生了逆反的心理。

这种心理最具体的表现，就是学习成绩的下降。在一次考试中，柳井正考出了全班倒数第五的成绩，他不敢将试卷拿回家，就拿着试卷满大街转悠，并故意将试卷弄丢了。原本以为可以这样躲过一劫的柳井正为此高兴不已，却没有想到，有人捡到了他的试卷，并交还到了老师的手中。这一次，柳井正不仅遭到了父亲的责骂，老师也狠狠地批评了他。

此时父亲对柳井正而言，更像是一个敌人，而不是亲人。他在自我臆想中把父亲看成是自己最大的敌人。不服气的柳井正信誓旦旦地说，自己一定要做出一项值得骄傲的事情来，让父亲从此对自己另眼相看。

在他看来，父亲是因为不喜欢自己才会用如此苛刻的要求来对待自己。于是，柳井正开始认真学习起来，幸运的是他遇到了一个不错的老师，不但对柳井正进行了特殊的关照，每次在考试前，还会专门给他补习功课。在老师的帮助下，柳井正的学习成绩终于过了及格线。从来没有表扬过他的父亲，此时破天荒地对他说了一个"好"字。

尽管这根本算不上是真正的表扬，但对柳井正来说，这一个"好"字就抵得过千千万万。他得到了父亲的承认，这成为年幼的柳井正敢于正面生存、面对一切的最大动力。

同时，柳井正的人生也在悄悄进行着转变。随着服装店日益走上正轨，柳井等已经不满足于在服装店上的"小打小闹"了。他做了这辈子最大的一次冒险——涉足建筑行业。实际上这样的选择与柳井等的哥哥柳井政雄密切相关。他在二战前就混迹于社会，战后摇身一变成为企业家，后来又从宇部市议会议员升到了山口县议会议员，是当地赫赫有名的大人物。柳井等能够把那些闲散的社会年轻人组织起来而建立的土木建筑公司都与哥哥有着直接关系。

西装店的经营虽没有挣到足够丰盈的钞票，也算是站稳了商业脚跟。此时，柳井等又悄悄地把目光瞄向了建筑业。这是两个几乎不相关联的行业，隔行如隔山，他究竟能不能做好这一完全没有涉足过的行业，最初就充满了疑问。然而，柳井等依旧选择了冒进一把。

这个时候，柳井正已经读到了高中。柳井等也步入了"上有老下有小"的年纪。在人生的中年还敢于选择冒险一搏，着实需要无比的勇气。日后的柳井正，在将优衣库发展到如日中天之时，也敢于向蔬菜行业小试身手，和其父亲当下的所作所为极为相似。

柳井正的的高中很理想，是宇部高中，接到通知书时，父亲简单地夸了一句。而高一学习不久，柳井等听说儿子因为参加足球部而成绩下降时，极为恼火。他找到柳井正，下达了明天让他从足球部退出来的简短命令，柳井正哭着鼻子毫无二话地去执行。

难得的是，谁也没有预料到，柳井等在建筑行业竟然做得风生水起，甚至比西装店的生意红火得多。这么一来，柳井等就变得异常忙碌，无暇兼顾多项生意。在日本，人们把这样的公司称之为"土建公司"。为了能有更好的生意，在柳井等的日程簿上少不了迎来送往的应酬。让柳井正印象最深的是，这段日子中他几乎很少见到父亲。每个夜晚，还没听到父亲回来的脚步声，柳井正已然沉沉地睡去。而第二天一觉醒来之时，父亲早就出门工作去了。

做建筑业，不同于自给自足的西装店经营那般清闲。但既然开了建筑公司，不论有多少困难，都得硬着头皮顶上去。从不断开会、不厌其烦地商讨方案到最后决策，这样的经商方式一改柳井等受到的传统思维灌输下的经营理念，取而代之几乎成为他生活的全部内容。柳井正自然懂得父亲的艰辛。有一次，他无意中听到父亲说："如果我早一点从事建筑行业的话，说不定就能比现在的西装店还要办得成功呢！"这句话在现在品味起来，似乎正是柳井等对传统经营模式的一种自省。

做梦，就要做大一点！

从事行业的改变，使柳井等完全改变了行事风格。因为整天需要和政客们以及各个公司的老板打交道，柳井等逐渐养成了宠辱不惊的性格。任何事情到了他的手中，他皆能够从容不迫地处理，直到呈现出最完美的状态为止。这一点，对日后柳井正经营优衣库的影响非常大。

正处于青春期的柳井正能在正常作息时间内见到父亲一面，的确显得弥足珍贵。在员工面前，柳井等是一个好老板。但在儿子面前，他则是一位严父。柳井等对柳井正的要求极为苛刻，每一件事情都要求到近乎完美的地步，也许，这正是一个传统日本男性身为父亲，对儿子本能的一种教育要求吧。柳井正青春期的反抗情绪也因此而滋生，只是他还不敢在父亲面前耍脾气。

虽然柳井正并没有抱怨父亲什么，只是在他逐渐成长的青春期中，对父亲的严加管教产生了更深层次的反感。他觉得，父亲管得越严，就让他感觉自己越像是个循规蹈矩的傻子。那时的柳井正，在父亲的身上看到的只有艰辛，却没有他渴望看到的成功。因为柳井等严厉的教育模式，让柳井正总是产生抵触情绪。他不敢将这种情绪在父亲的面前表达出来，可由此而形成的叛逆性格却足足影响了柳井正一生。

离开父母

因为建筑公司在业绩上有了很大的发展，柳井等的野心也膨胀了起来。他还顺势投资了茶楼和电影院，这让年少的柳井正多少获得了些许的自由。这一时期，柳井等的人生和事业双双进入最辉煌的时期。这个家族，在当地已经成为人们羡慕的对象。

柳井正也堂而皇之地步入了富二代的行列中。做个富二代，柳井正或许并没有产生过这样的意识，但大海的潮流已经把他推到了最前沿。这一切根本由不得他去抗拒，并在不知不觉中已然变成了现实。

人有钱了，思维似乎就会显得大胆。下海经商这么多年，柳井等成功的经验确实累积了不少。但不论是西装店还是建筑业，永远都和传统商业分不开。

此时，柳井等却突然对时尚前卫的东西产生了浓厚的兴趣，也想在时尚界试试身手。以自己丰富的经验和足够的资金作为支撑，柳井等大胆地开了一家时尚物品店。

这种做法不但冒险，更是冒进。可对柳井等来说，这件事情的意义完全不一样。柳井等已经积累起足够的资本来让自己"疯玩"一把。他只是在玩，赔了赚了都不用放在心上，自己高兴才是硬道理。

做父亲的高兴了，当然也没有忘记宝贝儿子。

一向被严厉管教的柳井正做梦也没有想到自己会迎来这么欢快的一天。他被父亲当成了免费的试衣模特，只要有新服装进货，柳井正一定是第一个穿上街的人。正处于花样年华的柳井正，这一次着着实实在同学们面前风光了一把。时尚前卫的衬衫搭配最新潮的运动鞋，这款酷到可以引领潮流的装扮让柳井正都不敢相信是父亲的赠予。在他的印象中，每当上学的时候，父亲总要板着脸看自己的校服是不是没有穿好，哪怕衣服上有一个褶皱都会引来冷嘲热讽。现在能够穿着便装去上学，尤其是从父亲的手中接过来的新潮服饰，柳井正觉得这简直像做梦一样。

这也是父亲对柳井正恩赐般的骄纵。和日本的传统理念相符，柳井等虽然对儿子异常严格，但他还是要让儿子来继承自己的这一份家业。否则，他辛辛苦苦积攒下来的店铺该给谁呢？在柳井等看来，子承父业是顺理成章的事情。尽管柳井正从没想过要继承父亲的家业，可是这一种传统观念也开始潜移默化地深植在他的脑海中。

在这种理念的诱导下，柳井正根本就没有为自己的未来想过。但是当所有的同学都在讨论自己该考哪所大学时，柳井正也开始重视起这个问题来。他的理想是考上早稻田大学，为此在高三的那一年，柳井正像完全变了一个人，全身心地投入到了学习当中。他的目标很明确，一定要考上早稻田大学，否则就重新再读一遍。但是柳井等绝对无法接受儿子成为落榜生，因为柳井正先后报考了上智大学、早稻田大学和庆应大学。结果大大出乎柳井等的意外，柳井正同时考上了这三所大学。最后，他如愿以偿地进入了早稻田大学的政治经济部。

考上大学，就意味着要离开父母了，虽然平时对父亲的种种管教心有不甘，但真正到了离别之时，心中的那种复杂情绪化作了百般的哽咽。看着父母亲远去的身影，他纵有多少离别之情，也只得强压在胸口里，告诉自己像个真正的男人，不能掉下眼泪。

不过，离家的心酸之情很快就被东京的斑斓色彩所取代。柳井正对东京的迷恋，渐渐超过了他对故乡的留恋。东京是个大城市，对柳井正来说，这里完全是一个陌生且充满了各种新奇的世界。年轻人对各种诱惑总是心驰神往，而东京这座城市里面充满的不只是诱惑。这个时期的东京，早就已经摆脱了战时的灰色，完全变成了国际大都市。

虽然进了大学，但这一时期东京城中的各个大学正在兴起轰轰烈烈的学生运动。这段日子，谁去上课，才真正是让人觉得稀罕的事情，有的大学甚至被人为地封闭了长达一年多的时间。柳井正突然觉得，在东京繁华的表象下面涌动的，是根本就和自己格格不入的暗流。他来这里虽不是立志要学出个多大的名堂，但也绝对不是把年少青春耗费在毫无意义的学生运动上的。更何况，柳井正天生喜好偏属于个人的情趣嗜好，又怎么适应得了这些猛烈的暴力运动呢？

如火如荼的学生运动愈发激烈，柳井正越发感觉无所适从，他四处为自己所谓的大学生活寻找排遣。电影院、咖啡厅、游戏厅，都成了柳井正经常光顾的地方，有时候，他还会去搓上两圈麻将。大二那年，柳井正萌生出了"环游世界"的想法，当他把这个想法透露给父亲时，柳井等居然想都不想就答应了，还立即给他提供了200万日元的巨额资金支持。有了父亲的资金援助，柳井正先后去了北美、欧洲，以及埃及、印度等国家。

此次旅行让柳井正不虚此行，他看到深受拜金主义毒害的美国人的贪婪与堕落，但同时也领略了正值嬉皮运动，反抗社会体制的部分美国年轻人的积极力量。他厌恶洛杉矶没有历史感的人文与建筑，但喜欢保留了宁静与古老街道的纽约。

他看到了过于成熟而缺乏朝气的欧洲，看到了尚未国际化的法国还对日本人保持着冷淡，看到了全世界的那些努力工作的人，正在为了自己的生活而努力打拼。

旅行大大拓宽了柳井正的眼界，在任何一个国家，人们都是靠着工作去换取相应的报酬，这个不分国家，不分信仰，全部如此。绕了一圈回到东京后，柳井正深深地意识到，想要在华丽的东京站稳脚跟，没有几分能耐根本无从谈起。这里是日本各地年轻人的逐梦天堂，大家如潮水般涌来涌去，为这座城市不断注入新鲜活力的同时，也让妄想不劳而获之徒淘汰而出。

混沌的日子

四年的大学时间，如白驹过隙。虽没有怎么上过课，可柳井正终归还是要毕业的。等到自己要离开大学校园的时候，柳井正这才惊讶地发现，自己用了整整四年的时间，却并没有想明白毕业后究竟应该去做什么这个问题。

现在，这个问题已经成了当务之急的事了。不想被僵化体制捆绑的人，总是不愿意再次受到束缚，柳井正就是这样一个典型。想归想，当真正开始找工作时，柳井正拿出了他考大学时的精神来，将大型的商社作为了自己毕业后的首选，参加了各商社的入职考试，但是结果却一个也没有考上。面试人员在听说柳井正家里经营着生意时，纷纷摇头表示了拒绝。

因为在这些商社的眼中，培养一个优秀的职工是需要花费很多时间的，而他们不会把时间都浪费在一个以后注定要继承家族事业的年轻人身上。面对这个重大的打击，要强的柳井正决定留级，但父亲的一句话断绝了他的念头，父亲柳井等让他"好好毕业"。从小到大都没有反抗过父亲的柳井正，这一次也不例外。他选择了好好毕业，并成为"失业者"中的一员。

这时，向他伸出援手的是父亲柳井等。虽然极不情愿接受父亲的帮助，这让柳井正感觉自己像是根本就没有生存能力的懦夫一样。但现实摆在眼前，自己连吃饭都是个问题，哪里还顾得上去考虑究竟要不要接受父亲的帮助。一分钱难倒了这个早稻田毕业的大学生，吃饱肚子成了他最需要解决的问题。于是，在父亲的帮助下，柳井正来到了佳世客百货公司（佳世客是日本永旺集团旗下的连锁零售集团）。柳井正的第一份工作，便以平淡无奇的方式开场了。

刚刚上班，柳井正的心中少不了有些傲气。尽管父亲让他带着学习的态度去工作，但年轻人总是很难平心静气地向别人学习。更何况，柳井正自恃是从东京名牌大学出来的高才生，又怎么能够甘心在一家超市里打杂呢？他觉得，命运似乎对他有那么一些不公平。直到见到了佳世客百货公司的人力资源总监，他的这些疑团才彻底打消了。

佳世客刚刚上任的人力资源总监名叫冈田卓，是个绝对的女强人。在日本这个男尊女卑的社会中，男人被女人管制是难得一见的景象。柳井正自然打心底里不愿意看到这样的结果，只是自己一没经验二没技术，纵然心有不甘，也只能够在背后叨咕两句，表面上还是要毕恭毕敬地等候工作指令。

新官上任三把火，冈田卓也不例外。她不同于以往官员上任后总是会给员工们下达根本就完不成的销售任务，好以这些数据来表明自己领导有方。冈田卓把目光放到了改善员工宿舍条件上，这一极具人文关怀精神的措施深得民心，冈田卓在员工的眼里迅速变得平易近人起来。

在柳井正的打工时代，印象最深刻的事情莫过于此了。

任职前，佳世客对员工都有一些最基本的技术培训。过了培训期后，柳井正被分配到贩卖杂货的卖场。尽管这不是他的特长，更不符合他的喜好，但为了能靠自己的能力吃上一口饭，柳井正还是忍气吞声地接下了这份工作。好在佳世客是属于自助卖场的形式，员工们的任务只是在看到货物短缺的时候及时补充上就可以，并不需要做太多口头上的促销。因而，柳井正的工作也多是往返于仓库和卖场之间，运送着满车的货物，挣着仅够糊口的工钱。

但时间不长，他就被调到了男式西装部门。

柳井正一直觉得，这是父亲提前预计好的"阴谋"。如果不是自己家族传统经营男式西装，那他肯定不会被调到男式西装的卖场工作。西装和杂货自然不同，柳井正就不得不把工作中的大部分时间用来向顾客讲授西装的面料、裁剪、价格等因素。虽然和之前的工作比起来确实需要费不少心，但好在他从小就耳濡目染这些事情，以至于做起来也算是得心应手。

工作依旧没有多少乐趣可言。柳井正只是把这份工作当成了一份差事，而不是自己一生的志向，也正是基于这个原因，才决定了他不可能长久地委身在佳世客门下。最终，他还是无法忍受这种无聊和失望，毅然辞职。

在工作期间，柳井正恋爱了。对象是他在欧洲旅行时结识的女孩照代，没想到两年之后，他们会再次相遇。缘分让他们迅速坠入了爱河。柳井正写了一封信给家里，提到未来会与照代结婚，并把照代的照片附在了信上。

辞职后的柳井正一边想着结婚的事，一边想着去美国留学，以此进一步学习关于经济和流通领域的知识。为了去美国留学，柳井正并没有回家，而是住在京东的一家酒店里读语言学校，为入学做各种各种准备工作。

这一次，柳井等提出了反对的意见。他并不是反对柳井正去留学，但是他需要柳井正在留学和结婚之中选择一个，因为一个抛弃了新婚的妻子，远赴美国留学的男人，不是一个负责的男人应有的作风。在思考良久后，柳井正放弃了去美国留学的念头。这样，他就只剩下一条路可走了，那就是回家。因为在东京，柳井正看不到自己的前途在哪里，如果继续在东京待下去，迟早有一天，他会面临连个面包都买不起的窘境。

于是，在现实的逼迫下，柳井正于1972年8月回到了老家。他没有带回来任何成果。他知道父亲柳井等心中的不满，就连他自己都觉得有些抬不起头来做人。只是因为从小就和父亲的理念不合，柳井正到现在也没想过要继承父亲的这一份家业。

接手西装店

这个时候的柳井等将大部分精力都放在建筑产业上，传统西装店已不能给他带来多少盈利了，不过这终归是自己发家致富的营生，也舍不得扔掉。恰好回到家乡的柳井正也没有什么活计，于是柳井等就把西装店交给了柳井正来打理，让他当作练手的营生。但是柳井等却没有多给柳井正一句交代，店铺应该怎么经营，要完全靠柳井正自己在实践中去琢磨。

最初的日子，也必定是最苦的日子。没有人告诉柳井正应该做什么和不应该做什么，店员也只是听老板的指令，偶有建设性的意见或建议最后也是要等着柳井正拍板才行。为了给自己争口气，不能在家族面前再让人瞧不起，柳井正每一天都和店员们在一起亲自接待顾客、整理店铺、搬运货物，他要从最开始的一点一滴学起。

对于这个富家公子来说，这样的劳动量已经到了匪夷所思的地步。

柳井正的店铺经营要说真正从零开始，似乎不太准确。这一点，他自己内心清楚。当初他在佳世客百货公司的男士西装部门的工作经验，确实帮了大忙。这个时候再回想起当初的经历，柳井正更觉得这像是父亲早就预谋好的一件事情。在佳世客，他亲身体验了大型公司的工作流程和组织结构。

所以当他重新面对自家的西装店铺时，他一眼便看出许多弊端之所在。商品种类单一、缺乏新产品、员工效率低下等，这些问题都得逐个解决，想要一口吃成个大胖子绝对不可能。现如今这些问题，不只是自家西装店的瓶颈，更成为整个传统作坊式西装店的最大制约。尤其是在资金流转的问题上，这几乎是任何一家西装店都不知道如何解决的问题。基于男式西装的特殊性，其资金不可能实现快速流转。一旦业务经营上出现问题，那它离关门倒闭的日子也就不远了。

为了改变这些令人头疼的现状，柳井正希望发挥群体智慧的力量，共商决策。这一天，他把六名员工全部召集到一起。这些员工谁也没有料到，这个年轻的新老板竟然会向他们摊牌。柳井正说，店铺当下的这种经营状况，虽说不一定会关门大吉，但早已经没有了多少盈利。柳井正本来是想要征求大家的意见，集思广益，为店铺找到更好的出路。但在他把经营实况告诉伙计们之后，这样惨烈的现实当即就吓跑了两个人。无奈之下，他只得和剩下的四名伙计苦心经营这家西装店。

但没过多久，又有几名员工离开了这里。然而，让柳井正最为感动的是，即便店铺没有盈利，即便工资少得可怜，唯有蒲利治一人从来没有产生过要离开的念头。而他也成为见证柳井正和优衣库发展壮大的唯一一人。

其实，柳井正在刚开始从父亲那里接手西装店铺的时候，并没有太大的雄心要做出什么事业来。但令人猝不及防的经营现状迫使他开始真正思考起来。柳井正在想，为什么原本还可以维持下去的西装店到了自己手中，竟然真的走到了关门大吉的地步。如果再这样无所作为地经营下去，自己可能就会亲手葬送了这一家族传统营生。他不能让这样的事情发生，否则就意味着自己在父亲的眼中是一个彻底的失败者，是个一事无成的败家子。

紧接着，更糟糕的打击来了。西装店的掌柜也辞职不干了。

柳井正一时间快要疯了。员工辞职还可以再招新人，但如果连掌柜都辞职了，就意味着西装店失去了主管人，想要再继续维持下去的希望一下子变得极为渺茫。柳井正怯怯地来到父亲的房间，他以为等待自己的必将是狂风骤雨般的责骂。可没想到，父亲语重心长地说，这个店铺从此就全权交给他处理了。

柳井正先是一惊，他不相信自己做出了这么差的业绩后还能得到父亲如此的信任。直到父亲从抽屉里拿出所有的内部账目和公司印章，柳井正才明白自己并没有在做梦。

柳井等知道，自己其实是做了一个相当大胆的决定。这就像是在押赌注一样，他不知道自己这一次究竟能够相信自己多少，以及相信儿子柳井正多少，但他愿意给柳井正这样一次机会，让这个涉世未深的年轻人亲自去开创一片天地。父亲柳井等对柳井正的信任，没有过多语言的表达，但却已在彼此眼神的交流中展露无遗了。

柳井正怀着忐忑的心从父亲手中接过了账目和印章，他暗下决心："我绝不能再让西装店回到过去的样子了。"对柳井正来说，当下已经是极大的失败了。但失败了却还能得到父亲的信任，他不知道应该是感激还是用其他什么样的心情来表达自己。西装店现在已经到了危急存亡的关口，这一切和自己的无所作为是密不可分的。如果自己不能使这一切有所改变，岂止父亲不能原谅自己，就连他自己也不能原谅自己！

好在虽然柳井正暂时还没有想到更好的解决之道，但他已经意识到了危险性。这是一个好的先兆。正是因为父亲对他的极大信任，才让柳井正开始拥有了作为一个企业经营者最基本的觉悟。

此时的店铺中只剩下柳井正和蒲利治两个人了。店面里没有人打杂、没有账目会计、没有库房管理人员，两个人只得把所有的事情都承担了下来。从采购、存货、上架、接待，再到对账、追款等，两人事事都要亲自过一遍，甚至连打扫卫生这样的小事，彼此也是轮流着去做。

在销售旺季时，柳井正会雇用一些临时工来帮忙。但有时候还是会忙得让这俩人连睡觉的时间都没有。如此艰苦的日子，反倒让柳井正的责任心逐渐成长起来。

经商是种快乐

在员工纷纷离职后，柳井正陷入了十分痛苦的思考中。他开始思考自己有什么本事，并对自己进行了深刻的反省。他认为员工的离开，很大程度上跟自己的管理不当是分不开的。原本他认为自己的优点是直率，有什么说什么，但是这一点在管理上却成了缺点：当他一个初出茅庐的小伙子对着在店中工作了多年的老员工指手画脚时，难免会让对方产生不愉快。

认识到自身的错误后，柳井正开始脚踏实地起来。为了更加了解西装店的经营，柳井正所做的第一件事情，就是把每天的工作罗列出来，然后在后面标注上自己的理解，如怎样去进货、销售是怎么回事、整理货物的流程等，再将整理出来的内容在自己的脑海中构成一幅画面。这样，在招聘新员工时，柳井正就能够很流利地将工作的内容和流程介绍清楚。其次，对于每天卖出的服装，柳井正都会进行逐一的记录，并在脑海里进行顺序排列，这样他就能够很清楚哪种服装销量好，对于顾客的喜好也就更加明确了。

同时，柳井正还读了大量的经济管理类的书籍，以此来弥补上大学时所缺失的东西。书籍，果然是人类进步的阶梯。就是在这个时候，柳井正读到了麦当劳创始人雷·克洛克的自传——《把成功扔进垃圾桶》。书中说到，雷·克洛克在创业时已经52岁了，这一点让柳井正敬佩不已，因为在日本，超过50岁开始创业的人几乎没有。这让柳井正开始相信，生命中最美好的时光还在后面，只要自己努力，就能够看到。

在书中，雷·克洛克还提到了"才华横溢却一事无成的人并不少见，是天才却得不到赏识者屡见不鲜，受过教育而没有饭碗的人并不难找，只有恒心加决心才是万能的"。当时正处在困惑期的柳井正在读到这句话后，莫名感慨了很久。

而书中最让柳井正敬佩的，是雷·克洛克在书中提到的经营理念——Be daring（满怀勇气）、Be first（敢为天下先）、Be different（不走寻常路）。柳井正将这句话记在了自己随身携带的笔记本上，时不时拿出来读一读。渐渐地，柳井正的思想也开始发生了改变，雷·克洛克能够将汉堡包卖向全世界，那么自己为什么不想着去创造一个世界服装品牌呢？梦想一旦生根，很快就会发芽，并长成参天大树。只是，柳井正需要的是时间和历练。

在这样亲力亲为的努力下，柳井正的经营终于见到成果。柳井正骄傲地想要向父亲证明自己的能力时，父亲却报以嗤之以鼻的态度。在柳井等看来，儿子固然是做出了很好的成绩，但这份成绩还远远达不到他的要求。他希望儿子能够真正做出一番事业来，而不是把一件事情做到优秀的地步就停步不前。不过，在他心中，对儿子的能力还是十分赞赏的。这家传统西装店在自己手里几乎快走到了尽头，如果不是实在没有更好的出路，他也不会转向建筑业。面对初出茅庐稍有所成的儿子，柳井等压抑着那份欣喜，始终保持着一个父亲的威严。

这父子两人之间的"较量"，总是如此"口是心非"。

幸运的是，柳井正从那段最苦的日子中坚持了过来，并逐渐摸索出一条适合自己经营的门路。工作虽然艰苦，但苦中也有乐。正是因为有了这一段时间的磨炼，柳井正才意识到什么是真正的经商。经商不再是他眼中那简单的买卖行为，从商品的采购、营业额的多少到银行账户的存结款以及缴纳税金、面试新成员、培养新人等都让他必须事事亲力亲为。尽管经商是辛劳的，但柳井正从大小事务中感受到了前所未有的快乐。

虽然忙碌，可每一天都过得无比充实，这是柳井正最真切的感受。他再也没有了大学时期的那种无聊和空虚感，现在的工作虽然看起来枯燥，但当全身心投入其中的时候却很容易让人产生极大的兴趣。尤其是在自己尽全力去完成一件事情并最终取得成功之后，这让柳井正感受到了前所未有的被认同感。

他觉得，自己正在一步步接近经商的本质。在这之前，柳井正没有想过自己是个经商的材料。他想起了自己儿时开玩具店的梦想，不禁会心一笑。现在的西装店和玩具店虽然属于不同的种类，但在经商这件事情上，本质其实一致。性格略显内向的柳井正，在接待顾客以及替顾客丈量尺寸的过程中，也开始变得开朗起来。尤其是在得到客户的赞许时，他会在心里产生"原来我也可以胜任"的念头。这是柳井正经商以来所感受到的最不可思议的源于心灵深处的触动。

这一份成功，让柳井正终于可以自豪地在父亲面前挺直了脊梁骨。

对柳井等来说，他从学徒工到自己在建筑行业的如鱼得水，真正找到适合自己的经商方向也花去了数年的时间。很显然，柳井正对父亲留下的事业并没有充满激情，他一方面是迫不得已上任的，另一方面却还在极力地去寻求自己的兴趣点，以探索出一个真正适合自己的方向。虽然父子两个人之间存在着重重隔阂，但心灵的沟通胜过了一切语言的表达范畴。

和很多在父亲的打骂中成长起来的儿子一样，柳井正真正走向自我人生之时，才真切体会到父亲那份近乎苛刻的成长要求背后，藏有多少真真切切的父子之爱。他内心对父亲是充满感激之情的，虽然他从来没有明着表达过自己的感情。

[第二章]

起飞的优衣库

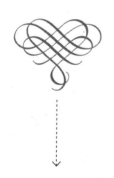

兴趣在哪里

从上大学到在佳世客百货公司工作，再到现如今经营的西装店，一系列的转变都在说明柳井正并不属于安于现状、循规蹈矩之人。即便已经把西装店经营得如此成功，他也没有感觉到切实的满足。他常常一个人静静地坐在椅子上，盘算着今后更长远的打算。在这样的反复思考中，他的内心开始为全新的一次商业尝试而上下起伏。

高档男式西装的特殊性，注定了这不是一种有着高营业额的营生。同一件服装，能不能卖出去，除了衣服的品质要有保证外，营业员也要有一张能说会道的嘴巴。如果能打动顾客的心，这件衣服可能很快就卖出去了。因而，西装店生意的好坏，有一半的因素要归因到营业员的身上。并且，营业员只有亲自为顾客量体裁衣，才能让前来选购衣服的顾客觉得自己在这里是受到了尊重和优待，才会对该店铺销售的服装品质产生忠诚度。

柳井正的内心，不愿意把西装店当成自己长期的事业来做，他实在不喜欢和顾客之间的这种不平等的对峙关系。为了卖出去一件衣服，自己每天要站在店里，顾客买了衣服，自己鞠一个躬，然后把衣服亲手交到顾客手上，接着再鞠一个躬。在这种经营模式下，客户就是上帝，营业员要尽一切可能满足上帝的需求。这样的上帝在西装店里其实更像是主人，营业员的身份更像是奴仆。基于这个前提条件，柳井正想，是否可以大胆尝试一下概念完全不一样的休闲装的经营？

休闲装和西装的不同点在于，其完全不是那种半年才能卖出一件的销售模式。休闲装价格低廉，顾客也不会对这样的衣服吹毛求疵。如果引领了时尚，衣服可能在瞬间就被抢购一空；即便和当季的时尚不对，积压的底货其实也并不会亏损太大。柳井正从不对抗新鲜事物的尝试，此时他已经完全被休闲装的高盈利模式给吸引住了，他决定将经营商业的目标逐渐向休闲装的方向转移。

此外，促使柳井正做此决定的另一个重要因素便是资金。多年的经营，让柳井正明白了一个道理：休闲装是资金活动比较迅速的行业，不像传统西装店在投资和回款之间有着相当长的一个周期。传统西装，资金一年最多也只能周转两到三次，但休闲装却可以在每个季度实现一次周转。不需要等待漫长的资金回笼过程，这样的经营方式的确有其明显的优势所在。

当时，和柳井正的小郡商业股份有限公司同属于日本西装等级联盟的其他公司，在业务上均有着突飞猛进的增长，这更给了柳井正极大的刺激。尤其是有几家公司已经发展到了上市阶段，柳井正心中激进的火焰开始燃烧了起来。他更感觉到这种小规模经营给自己带来的限制，这就像是戴着脚镣跳舞一样，即便跳得再漂亮，也终究散发不出巅峰的光彩。只有挣脱镣铐，才能以更自由的态度去展开新的篇章。

此时，原本和自己一起工作的蒲利治正在负责柳井等留下来的那家时尚用品店。对比之下，柳井正发现自己其实完全可以从蒲利治的店铺中学到许多有用的经验。恰好两家店正好处在同一条街上，这为柳井正能够及时掌握时尚休闲业的行业资讯提供了绝佳条件。

柳井正开始思考经营方向的转变。因为休闲装没有年龄和性别的限制，越是想到无限前景，这个行业对他的诱惑也就越大。说干就干，柳井正马上着手于搜集相关的行业资讯，想要拓展一片新的领土。

由于身处在信息比较闭塞的地方，为了能够及时了解到最新的潮流服装，柳井正经常购买一些时尚杂志来充实自己。在完成了公司的业务后，他还会出国考察。起初他出国考察的目的很混乱，而这一次，他明确了自己的兴趣所在，考察起来也就更加有针对性了。在国外，他抓紧一切时机考察自己的兴趣点究竟是不是符合当下的潮流。结果不看不知道，一看吓一跳。美国和英国等发达国家当地休闲服装店的经营状况大大超出了柳井正的想象。当地的服装零售贸易行业的起步要远比日本早，根基也更深厚，再加上这些国家本身就是潮流的发源地，其在休闲服装行业的领先程度远远超过了柳井正本人对此行业的认知。

既然认识到了自身的限制和差距，就应该虚心学习。柳井正下了血本，为了能够大力发展自己的兴趣点，同时也期望自己在新的行业中能够有更好的未来，每一次出国，柳井正都大肆购买当地的T恤衫和牛仔裤。他甚至还在伦敦买下了许多当地人认为是破烂不堪的老古董式的旧衣物。

柳井正这样做的目的就是想尽全力收集来自这些先进国家的潮流资讯。他这是在为自己屯兵积粮。对流行和休闲行业有了越来越多感触的柳井正，终于下定决心，要开一家以销售休闲服饰为主的服装店了。只是，这新的店铺要以什么样的方式经营呢？雄心勃勃的柳井正打算开辟一种新的销售方式，一种在日本"前无古人"的方式。

一次新鲜的尝试

当年，柳井等经营时尚用品的时候，以自己的儿子柳井正做模特，算是找对了代言人。凭借着儿子在学生中的影响和带头效应，他的时尚用品店倒也成了一道风景。现如今，轮到柳井正自己站在经营者的角度去考虑经营问题了，他自然忘不了当初的这段趣闻。市场调查来的结果同他的预料并没有太大出入，他们的主要消费对象，或者说是要满足的主要消费人群，正是在校的学生。和大学之间建立起良好的合作关系，对柳井正当下的经营模式百利而无一害。

为此，柳井正还专门到美国的大学生协会参观了一次。在那里，他发现所有大学生使用的东西一应俱全，并且获取方便。学生们走进去转一圈，要么发现自己喜欢的或是需要的商品进行购买，要么就是随意逛逛就出去，整个过程根本不需要店员接待，完全就是一种自助的形式。这种形式给了柳井正很大的启发，他立即萌生了一个新的念头，他想要让选购休闲服装的人能够像是在超市购物一样自由，这就彻底打破了传统的经营模式。当柳井正将这个大胆的想法讲给经验丰富的蒲利治时，蒲利治也不敢确定这究竟是一种值得考虑的冒险行为，还是不值得一试的冒进行为。

学生们的消费方式和一般家庭主妇有着很大的差别。在美国和英国等地考察多年的柳井正，结合日本当地的实际情况发现，学生们其实更喜欢快速消费。只要遇到了自己喜欢的款式，他们并不是太在乎一些细微的小问题。真正能够促进学生产生购买行为的原因只有一个，那就是喜欢。这种纯感性的消费方式大大触动了柳井正的内心，他开始思考什么才是真正的喜欢。

真正的喜欢，不是导购在你身边絮絮叨叨地讲解着衣服的优劣。真正的喜欢，应该像是情人一样，具备一见钟情的姿态。远远看去，一眼就能够把它从千万件相差无几的衣服中认出来。从消费者的角度出发，这样的消费模式更适合以自助的方式出现，任凭人们在卖场里自由自在地闲逛，只是在等着和钟爱的衣服邂逅的那一刻。

在当时的日本，这种自助购物的方式，除了超级市场外，只有书店和音像店有类似的经营模式。服装界也能够引进自助购物模式，倒是闻所未闻的事情。柳井正认为此种经营模式应该是这样的场景：在一个百无聊赖的下午，顾客像是想要随便找个可以歇脚的地方，他或者她不经意地拐进了街道旁边的休闲服装店铺中，只是如同在走马观花一样看着一件件衣服，直到像是彼此约好的一样，在恰当的时间、恰当的地点，他们遇见了钟情已久的它。简单试穿和付账后，他们带着心爱的它满意地离开了这里。

这样一种消费行为，被柳井正幻想得美轮美奂。他认为，以如此模式去贩卖休闲服装，绝对是一次新鲜有趣的尝试。不过，"自助服务"这个名字听上去可不怎么样。好像是公司为了节约经营成本，连最基本的导购都不愿意再请了，把所有麻烦的事情简单地丢给了消费者。面对此种情况，柳井正绞尽脑汁想出了一个方法。他决定完完全全站在消费者的角度去考虑问题，把自己放置到真实的情景中，去亲身感受消费者的需求到底是什么。一个全新的经营模式渐渐在柳井正的脑海中清晰起来，他要开设一家"任何时候都能选到衣服的巨大仓库"，为了更加清晰地将自己的想法体现出来，柳井正连名字都想好了，那就是"UNICLO CLOTHING WAREHOUSE"。后来，柳井正觉得这个名字太长，不便于被消费者记住，于是又将这个名字简练了一下，变成了"UNI·CLO"。音译成中文就是优衣库，即"存储衣服的仓库"的意思。

只有真正能够满足消费者的需要，才是企业经营的王道。柳井正这一点做得非常好，他设身处地地站在消费者的角度上考虑问题。这样的经营方式，即便是在欧美等国家，也是不常见的。柳井正把从这些发达国家学到的经营理念进行了提升，他希望自己做的是日本的一个创新品牌，而不是一个只打上了日本民族烙印的欧美翻版。

确定了经营理念，就确定了奔跑的方向，接下来还要考虑究竟应该以什么样的方式去跑步才能够获胜。在贩卖何种商品的问题上，似乎答案只有一个，那便是休闲装。但休闲装只是一个概念，其还有着各种各样不同的分支。经过一番激烈的讨论，柳井正和他的小小团队做出了一个关键性的决定，他们要卖不一样的休闲装，要卖物美价廉的休闲装。

这听起来完全是一件不可能实现的事情。

在当时的美国，知名服装连锁店的销售额已经达到数千亿日元，这个数字随着年份的增加还在不停增长。同时，柳井正从欧美地区学来的自主经营模式正以新兴的姿态绽放出蓬勃的生命力。但大洋彼岸的经营模式，远没有柳井正来得大胆。以DC鞋为例，虽然这种鞋子能够充分地体现出设计师的设计思想和穿着者的品牌个性，但DC鞋的价格却始终居高不下。这也使得众多的DC爱好者只能摸着钱包和口袋望"鞋"兴叹。

鉴于此，柳井正告诉自己的团队，他们要做的是DC鞋的品质，但却制定出了能让任何一个"穷学生"都能够买得起的价格。

这着实是个巨大的挑战。

小插曲

就在柳井正信心满满地准备将自己的想法付诸实际时，却遭到了来自父亲柳井等的强烈反对。自从柳井正掌管小郡商事后，柳井等一直都是采取默许支持的态度，但是这一次却多次要求柳井正放弃开办休闲服饰店的打算。

一方面是因为柳井正之前也曾尝试过开小郡商事的分店，但是结果都以关门收场；另一方面，柳井等感觉到自己的身体已经大不如以前了，以前不管柳井正犯下什么错误，自己还有能力帮儿子挽回，而现在柳井等感到自己有些力不从心了，他怕万一柳井正失败了，自己却什么忙也帮不了。到此，柳井等一直以来的严厉教育都化成了一股浓浓的舐犊情深。

　　但是从小到大都不敢对父亲说一句"不"的柳井正，这一次鼓起了所有的勇气和决心，铁定了心要脱离父亲的桎梏。他想要告诉父亲，自己已经是一个成年人了，有能力和权利去决定自己想要做的事情，更重要的是，在柳井正的心中，他认为自己这次的决定一定是正确的。

　　为了向父亲证明自己，在开店的过程中，柳井正每走一步都小心翼翼，生怕会出现什么差错。在挑选店面时，更是经过了千挑万选，最后才在广岛看中了一个心仪的位置。那里虽不是市中心，但因为和商业街之间仅仅隔着一个街区，且彼此之间还有相互连通的街道，再加上租金要比市中心便宜不少，把这里作为城市的第一个据点再合适不过了。而且房租低了，就可以承租得起更大一点的面积，可以将店铺分为上下两层，陈设更多的商品。

　　在装修时，柳井正就秉持着一个原则，那就是优衣库应该是"让顾客自由选择的环境"。优衣库的自助购物模式是从顾客的角度出发的，所以店铺的装修也要从顾客的角度出发，顾客在什么样的购物环境中觉得舒坦，店铺就应该做成什么样的风格。

　　柳井正把身份转换到了消费者的角度，用直觉去感受消费者所需要的风格。店内的主通道必须笔直且宽敞，他不想让整个卖场看起来过于拥挤；顶棚不要混凝土的结构，并且尽量不吊顶，就算露出水泥框架也无所谓，当抬头往上看的时候，视线也不能被遮挡住。在这种井井有条的设计理念下，每个人走进刚装修好的店铺时，都会感到一种前所未有的宽阔感。似乎这里根本就不是服装卖场，而是类似于展览馆之类的地方。

除了在装修上下了功夫，在店内的陈设上，柳井正也丝毫不马虎。他要求店内始终保持一尘不染，不管在什么时候都必须保证商品是叠放整齐的，并且还得将缺少的货物及时补充上去。这对一般服装店而言，无疑是一项巨大的工程，既要一边招呼顾客，还要一边保持如此整洁的购物环境，这至少得需要再增加一半以上的人手才行。但是在这家店中却不存在这样的窘境，因为店员不必刻意去招呼顾客，除非顾客有特殊的需求，否则店员有的是时间将这些事情做好。

在当时的服装店内，为了让顾客们一眼就看到工作人员，都要求工作人员穿上白色的围裙。柳井正起初也打算这样要求店员们，并向所有员工强调，我们是员工，不是消费者，所以不应该单纯地去追求时尚品牌，只有把实用和美观结合起来，才是真正的优衣库风格。但这个要求却遭到了极大的反对。因为店员们认为这样的穿衣打扮太过于土气，大家一致认为只有最适合公司形象的服装，才是最好的。店铺是经营休闲服饰的，就需要紧跟时尚潮流，如果店员个个都穿得像家庭主妇，那岂不是和店铺的经营理念格格不入了吗？不就是等于在自毁品牌吗？

经过一番思考后，柳井正选择了妥协，他意识到，片面强调实用性也是极端的。员工们亲切地把这一次和老板之间的拉锯战称为"庶民的胜利"，柳井正还是甘于这次较量的失败的，这对公司的发展相当有利。

在商品的定价上，柳井正实现了他要卖物美价廉的休闲装的承诺，店铺中所销售的服装，价格大多在1000～1900日元之间，按照当时人民币对日元的汇率来算，一件衣服的价格仅仅在80～150元人民币之间。相对于动辄就要数百元的名牌产品，这个价格便宜得突破了所有人的预期。

同时，为了能够充分吸引消费者的注意，柳井正琢磨了许久，给新的店铺想出了这么一句广告词——"顾客希望得到自助服务"。这句话就像是打了一套迷踪拳，全然看不出柳井正的想法和公司的概念，只有顾客本身。而这句话却并不是顾客自己说出来的，但是只要把这个"帽子"给顾客扣上，就没有人会去怀疑这句话的真实性。

当然，不论什么样的店铺，根本的理念都还是要从顾客的角度出发去考虑问题的。"顾客希望得到自助服务"的广告词只是柳井正在宣传的时候用的一个噱头，他对营业员的要求和这句广告词如出一辙。柳井正知道，顾客进来买衣服，只要提出任何相关的问题，营业员的任务只是回答问题，永远都不要做出任何具有导向性的动作。买或者不买，完全凭消费者自愿；买这件或者买那件，也完全是凭消费者自愿。营业员的作用只是解答问题，而不是促进购买行为的产生。

这些都是公司在发展过程中遇到的小小插曲，虽有些小争执，但趣味性却也充斥其中，让人在感到迷惑的同时又充满了无限希望。可以说，为了新店铺的开张，柳井正做好了万全的准备，他很期待看到在开业当天优衣库到底会给广岛地区带来怎样的轰动效应。

华丽的诞生

有时候，悲伤总是比快乐早来一步，让所有期待的心情转瞬间化为灰烬。就在广岛店开业的前两个月，一个噩耗传来，父亲柳井等因为脑溢血而倒下，这个打击对柳井正而言无疑相当致命。

一直以来，柳井正努力证明自己的能力，无非就是想让父亲看看，自己并不是父亲眼中那个一无是处的儿子。现在自己终于走出了一条属于自己的道路，终于有资本在商业上与父亲一较高下了，父亲却病倒了，这意味着父亲再也没有能力和精力去经营建筑业和西装店了，家里的一切重担都要顺势交到自己的手上。自己还没有与父亲这个"最大的竞争对手"较量，一切就已经结束了。

命运的拐点忽然打了提前量，落在了柳井正身上，他却别无选择。从今以后，他不光要走好自己脚下的路，还要扛起整个家族的重担了。如果说，在这之前柳井正希望自己成功只是为了完成自己的理想，那么现在他不允许自己失败，则是命运的使然。

1984年，柳井正35岁，这一天是6月2日，星期六，优衣库开张的日子。

空气中还存有尚未散去的梅雨味道，尽管天气晴朗，但依旧能够从白云中看到氤氲着的湿气。这一天是周末，人们本应该在家睡一个懒觉，然后惬意地享受这样难得的好天气。但从早上6点开始，在距广岛市中心不远的一条街道上就排起了长长的人龙。人们在商店门口拉长了脖子往里面张望，生怕自己会被别人挤出队伍而抢不到垂涎许久的商品。

早些时候，广岛地区的电视台和广播电台就开始了优衣库的广告轰炸。人们纷纷好奇：这家店铺到底是个什么样子？难道买衣服也能自己推着购物车进去随便拿？带着半是好奇心半是怀疑态度的人们，像是和优衣库约好了一样，一大早就出现在店铺门口，他们每个人都想要第一个走进这家奇怪的店铺一探究竟。

除了电视和广播里的广告外，真正把这些人吸引过来的大功臣便是优衣库员工在周边地区散发的宣传单。在开业的前一周，柳井正派人在附近的学校、车站以及商业街等人口稠密的地区散发了大量的宣传单，这些单子上明确地标写着优衣库服装的价格。只有让消费者看到切切实实的利益，他们才会心甘情愿地被经销商牵着鼻子走。柳井正深谙这一点，也把其运用得炉火纯青。

在三大广告模式的相互配合下，人们纷纷走进这家新型店铺，开始疯狂地抢购。一时间，广岛地区的消费者全都陷入了前所未有的狂热中。

柳井正知道新店开张，不出意外的话必定会引来一阵空前的热销，但他怎么也没有想到会有如此大规模的盛况。人们像是很多年都没有买衣服一样，急着要花掉自己手中的钞票。本以为自助式的购物方式就不需要多少店员，但柳井正完全错了，此时店铺中更需要大量的店员来维持秩序，如果有必要的话，则需要采取限流措施才能够保证每一位顾客购物的舒适度。

柳井正不希望因为开业当天的热销而让消费者对拥挤的现状产生些许的抵触情绪，他追求的是每一个消费者购物时的消费体验，这远远比他当下能够收回多少利润要重要得多。

时近中午，人群并没有随着热起来的天气而减少。相反，很多人来了一趟又一趟，他们生怕优衣库的促销活动一结束，自己就再也买不到如此便宜的衣服了。

优衣库开业的第一天，就在这样火爆且混乱的状态中结束了。

包括柳井正在内，所有的员工都度过了忙碌且惊心动魄的一天。他们以为，这是开业的第一天，出现如此盛况虽是意料之外，但也是情理之中的事情。当人们最初的热情渐渐退去后，新店铺终将会回归到理性经营的轨迹中来。

但柳井正和他的员工们再一次大错特错了。

开业当天，人们完全是凭着好奇心和低价格的诱惑前来抢购的。但第一天的抢购热潮结束后，优衣库的名声就此流传开来。口碑的力量远大于任何广告的效应，因而第二天出现在优衣库店铺门口的长龙比前一天还要壮观。

在开业之前，柳井正还在一直担忧，要是在开业那天没有人来购买，那是多么尴尬的一件事情啊。现如今的盛况证明了这样的想法的确有些杞人忧天，现在真正让柳井正担忧的是如何才能够保证货源充足，从而让每一个消费者都能买到自己称心如意的服装。

这样的盛况，在世界范围内恐怕都是空前的。面对媒体，柳井正的发言根本没有提到自己的店铺和贩卖的服装，他不想在被媒体采访的时候让大家觉得自己是在"王婆卖瓜"，他只是在不断地道歉，为没有给消费者提供当初许诺下的舒适的购物环境而感到歉疚。

这一天，是优衣库的起点，也是柳井正这个商业巨人真正开始成长的最初时刻。这一年的柳井正，其实只是小郡商业股份有限公司里的一名普通董事，他依旧在以自己的西装店作为据点。这种新型的自助购物模式好似并没有引起人们的反感。相反，正因为其低廉的价格，吸引了不少顾客到店铺里选购自己喜欢的衣物。价钱低、品种多，人们把这样的店铺形容成"不论何时都能够随意挑选服装的大仓库"。柳井正的新型自助购物店铺以"独特、服装、仓库"的概念停留在人们的印象中。

那时的柳井正只用了生肖表上的一个周期——12年的时间，就完成了常人需要一辈子努力才有可能企及的梦想。此时的柳井正必定是喜悦的。因为他在自己喜欢做的事情上取得了如此大的成功，这对他来说是最值得骄傲的。虽说这一切都是刚刚起步，但对于柳井正来说，广岛店的成功完全点亮了他的人生方向。

店铺火了，这让柳井正原本悬在半空中的心终于落了下来，他知道自己选对了方向，这意味着他今后会在这条道路上越走越远，一直抵达人生的最高峰。

成功与尴尬齐飞

柳井正之前并没有预料到在广岛店会带来如此轰动的效应。虽说是完全自助的购物模式，但仍需要一些员工在卖场里解答客户的疑问，还要保证仓库的衣服能够及时被展示到卖场中，以免出现断货，因此柳井正预先安排好的员工根本就不够用。为了能够让消费者得到最好的消费体验，大家都加班加点，为了优衣库的新店铺而努力着。

这样的盛况并不是一两天就能消退下去的。本以为人们是因为新店铺的开业促销才呈现出如此狂热的态度，其实这只是柳井正自我信心不足的体现，消费者之所以"疯狂"是因为看到了这里物美价廉的商品，才会把优衣库当成是自己最常来的服装卖场。由此一来，员工在数量上就有些捉襟见肘了。

与此同时，柳井正也注意到了另外一个问题：休闲服装的销售和传统西装的销售有一个很大的不同，就是做时尚休闲业要充分考虑到季节性的因素。如果单单是为了某一个季度的热销就招进一些全职员工，未免显得有些过于浪费人力资源。相反，如果能够运用兼职员工则显得更加灵活。

第一个被当成兼职员工招进来的，是植木。那个时候，他还在念大学。

尽管柳井正所能够提供的薪酬水平并不是特别优厚，但植木工作起来仍然尽心尽责。柳井正十分欣慰，他满心期望植木能够在毕业后继续留在优衣库工作，但植木本身的经济状况十分窘迫，他在学习之余除了为店铺做兼职，同时还在做一些类似于家教的工作以赚取更多的外快。如此一来，他的学习成绩必定要受到影响。经过一番慎重思考后，植木最终辞去了在优衣库的兼职工作。

植木没有说明原因，但柳井正心里很清楚，如果自己能够给他提供具有足够诱惑力的薪酬，他根本就不再需要去做其他的兼职来养活自己，从而也就能够一心一意地在优衣库好好工作了。柳井正很欣赏植木，他认为植木身上有着年轻人少有的稳重和自信，植木的离开引发了柳井正很大的思考。他开始考虑这究竟是店铺本身的问题，还是他自己的用人问题，造成了这样一个结果。

柳井正的原本构想是，尽大家最大的努力一起把公司发展起来，只要公司能够赚取更多的利润，员工自然也就能够拿到更多的工资。如果公司有足够大的名气，想要吸引优秀人才，那根本就不是个问题。可是植木的离开，让柳井正彻底改变了这样的想法。单纯地考虑公司的发展，从而忽略了员工在公司发展中得到的个人满足感，很容易出现的结果是，公司的发展现状还没有达到预期水平，员工们的正常生活就因为工资的问题而出现问题。

柳井正意识到公司和员工的发展应该是相辅相成的，没有先后之别，只有这样才能为公司保留下在发展过程中遇到的所有优秀人才，公司也才能够借着这些人才的力量走向更广阔的天地。植木的选择是大多数人的选择，所以柳井正并没有因此而责怪植木，如果连员工都养活不起，那才是对他最大的讽刺。这也是柳井正无论如何都接受不了的事情，所以他当下要做的事情就是，如何让优衣库成长起来，成为一个真正意义上成功的企业，让每一个进入优衣库工作的人员都不再有后顾之忧。

优衣库广岛店的火爆，让其一时间成为广岛地区的红人。每当柳井正以顾客的身份，从卖场的大门口走进去，仰头望向大厅那高高的顶棚，再环顾四周穿着整齐划一的员工们时，他的内心都会油然升起一股自豪感。这正是他渴望已久的成功，虽不是最终点，但却是一段时期内努力成果的最好证明。

第一家实体店铺的成功开张，促使柳井正急于想要开第二家。他将目标锁定在了广岛市市内的一家电影院的二楼。除了租金便宜外，当时那条街上还兴起了许多台球厅和汉堡店，人流量很大，因此柳井正认为店铺开在这里应该会火。

等来的结果却是失败，柳井正分析了此次失败的最大原因——选址错误，因为那条街逐渐发展成了"餐饮一条街"，人们去那里是为了吃饭，而不是为了买衣服。这一次的失败，让柳井正深深认识到了店铺选址的重要性，也认识到了不能只看店铺租金的高低，要租就租"不会失败"的店面。

但是现实是残酷的。租金便宜的店面，虽然能节省经费，但是往往经营效果不好，导致得不偿失；而租金贵一点的店面，却又需要很多的经费。说来说去，都是金钱在作祟。这时，柳井正发现由于经济水平的提高，日本很多家庭都买了汽车。每到休息日，他们就会开着汽车到郊外去游玩。如果优衣库将店铺开到郊外，让人们在游玩的过程中，还能有购物的享受，那也不失为一种别致的体验。同时，对于住在郊外的人们来说，他们对物美价廉的商品的需求度远远大于市区的居民。

思来想去，有些囊中羞涩的柳井正开始考虑放弃市中心的位置，将店铺开到郊外去。在所有服装零售商都将开店的目光聚集在市中心时，柳井正这个背道而驰的选择，会取得成功吗？

两个问题

就在柳井正忙着物色郊外新店铺的时候，听说下关的郊外有一个快要到期的汽车用品专营店。因为房租便宜，且店面的实际面积也很大，柳井正就动了要租下这间房子的心思。经过重新装修后，郊外的第一家店铺于1985年的6月顺利开张了。

此时的柳井正已经不再满足于把自己的目标消费人群局限在可以开车从市中心到郊外购物的族群中了。他认为店面是完全可以开在郊外的，这就可以让更多生活在周边的人能走进店里选购衣服。这里应该成为他们常来逛逛的普通商场，而不是只能眼羡却从来不敢进去的高级场所。

优衣库的消费群体定位是全民，是包括平民老百姓在内的广大消费者，而并不只是成功人士和小资白领。柳井正一遍又一遍地这样叮嘱自己。

这一年的10月份，优衣库在冈山市的麦子街店和冈南店也陆续开张了。至此，这种新型的购物店铺已经发展到了四家店铺的规模。新店铺像是雨后春笋一般，一家接一家地开了下去，休闲装在柳井正的带动下，也开始渐渐成为人们关注的焦点。事实证明，将店铺开到郊外是一个极为明智的选择。

偶然的是，位于郊区的冈南店也是从一家汽车用品专卖店手里转租来的。在重新装修前，店铺前面原有两个停放车辆的沙坑，柳井正巧妙地把它变成了台球厅。在柳井正的设想中，前来店里消费的顾客完全可以在台球厅里休息或娱乐一把。然而实践却证明，服装卖场和休闲娱乐场所完全是两码事。他的这个创意仅仅实行了不到一年，就被宣告失败了。但不管怎样，员工们越来越感受到柳井正无限创新思维的魅力所在。

同时，柳井正决定将自己的经营范围扩展到女装店。尽管女装店的利润低，但因为其对潮流的追赶度比休闲装有过之而无不及，柳井正也把这当成了自己理想中的一块试验地。

在之后的那段日子里，柳井正还陆续开了一些实验性的店铺，或盈利或关门，但柳井正从来没有因此放弃过不断尝试的经营探索之路。成功后的柳井正一直认为，他的人生中唯一害怕的就是没有失败。如果没有这些失败的经验，他永远等不到属于自己的成功时刻。基于此，屡败屡战才成了柳井正经商的重要精神内核。

这一时期的经营，柳井正感觉是自己最快乐的时光。新店铺不断开张，销售额也在大幅度增长，柳井正认为把赚来的钱投到新开的店铺更有意义。如此一来，他自己手里面倒没有落下多少盈余。尽管如此，柳井正依旧微笑面对自己的经营生活，这是在做自己喜欢做的事情，凭着爱好去销售。严格意义上说，这并不能算是经商，但他内心感觉兴趣更为重要，赚不赚钱则在其次。

此时柳井正已经意识到，要想让新店铺在一开始就实现盈利，就必须进行强势的促销活动，且需借助于铺天盖地的宣传效应。此时，他还在考虑另一个更为关键的问题：随着店铺拓展得越来越多，难免会出现同一个销售区域内多家店铺共存的状况。如果在同一个或是相近的区域开店，是会更容易形成公司的品牌效应，还是会在彼此之间形成竞争最后让双方都得不到好处？

柳井正考虑的这个问题，当下还远远没有发展到可以用实践来证明的地步。但就目前的状况来看，只要有能力，店铺开得越多越好。但随着销售量的增加，两个重要的问题渐渐浮出水面：一是款式，二是质量。这不能不引起柳井正的极度重视。

优衣库贩卖的是休闲服装，在性别和年龄上的差异就不那么明显了，所以公司的客户层就显得更加宽泛。但想要满足不同年龄层的需要，几乎是不可能的事情。一件事情做得再好，也不可能让所有的人都认为好。为此，该以什么样的商品来面对顾客的审视，成为柳井正日思夜想的重要问题。经过一番考虑和尝试后，柳井正提出了一个和顾客至上的观点完全相反的概念。他认为，公司只要注重商品在款式上的新鲜度就好了。让不同年龄层的人来到店里，都能够找到满足自己需要的商品，而不是让所有的商品都能够满足不同年龄层顾客的需要。这完全是两个不同的概念。

公司只是给消费者提供了一个自主选购服装的平台，究竟应该怎么穿才好看，完全取决于消费者自己的喜好和搭配风格。这个时候，柳井正的脑海中已经产生了"百搭"的概念。休闲装注重的应该是能不能和其他的衣服搭配，而不是单件衣服究竟会体现出穿着者多高的时尚品位。这是柳井正对于时尚休闲的区别定义。

因此，柳井正以一种兼收并蓄的态度告诉员工和顾客们，我们从来不是只卖名牌的商店，我们只卖好的东西，而不是贵的品牌。

这句话恰好也回答了一直困扰柳井正的第二个问题——质量。

在公司的发展为了谋求更多客户源的过程中，一直伴随的就是低价格策略。但售卖的价格低了，也就要求公司必须以更低的价格进货，才能够保证优衣库这个中间商的利润空间。但是，这就难免会出现质次价廉的衣服混杂其中。优衣库刚刚开张的时候，不少衣服是从国外的一些小生产作坊进口而来。因为当地生产体制的问题，衣服的质量难有保证。而且价格低，就更没办法采取标准化生产，否则厂家无法按时交货，柳井正就会失去供应的源头。

这个问题显得异常棘手。

柳井正所主打的休闲服装，其实只是把低价格当成了一种销售的策略，这并不是公司赖以生存的根本。鉴于服装质量的问题实在让人头疼，而且要实现百搭，就不能只是一堆廉价商品的随意拼凑。为了解决这个难题，柳井正开始思考，能不能自己加工和生产属于自己的品牌的服装呢？

这个想法，在当时所有人看来是极为疯狂的。因为它充满了未知的风险，也意味着柳井正要面临更为巨大的挑战，他要为酝酿一场更大的变革而做出努力。

叫我"优衣库"

除了款式和质量外，困扰柳井正的难题还在于，如何增加利润收入。听起来这好像根本就不应该是个问题，因为优衣库的店铺几乎快要开满全国各地了，所以没有人会相信柳井正其实根本就没有挣到多少钱。

而这恰恰是挣不到钱的原因。因为要不停地开新店，前一个店的成本还没有捞回来，就又要把大量资金投入到新店面的装修中。这样一来，资金周转就不是那么灵活了。但为了形成规模效应，柳井正宁可"坐吃山空"。而在休闲服装业，价格卖得越低，就越需要有灵活的周转资金作为支撑。只有这样，才能保证商品的快进快出。可以说，资金能否周转得过来，是整个商业行为的关键。

此时的柳井正已经走在了危桥上，命悬一线的状态让他在觉得极度刺激的同时，心里更多的是万般的焦急和无奈。

为了保证最基本的利润空间，柳井正告诉员工们，在采购的时候一定得根据当季的流行趋势，多采购那些一上市就能够很快卖出去的款式。即便是偶有判断失误，当季卖不出去的服装也要在换季前低价销出去。公司绝对不能留下压箱底的东西，否则一不小心就会前功尽弃。

但流行趋势不是由几个人关起门来就能决定的事情。消费者喜好什么样的服装款式，虽能够通过前期的市场调查做出一定预测，但却无法做到百分百的准确，这也就导致了柳井正推行的经营模式每个季度必定都要滞销一些"赔钱货"。

为了避免这种状况威胁到企业的生存，柳井正必须让自己能够时刻站在时尚流行的前沿阵地，这样才能保证商品的畅销度。

在这之前，还存在另一个无法解决的问题。传统的经营模式下，公司本身永远都只是经销商的角色，即他们需要从厂家进货，然后再在自己的卖场中销售给消费者。尽管柳井正创立了一种新的经营模式，可这并不等于公司在整个商业活动中的角色和地位有所改变。这种"代销"的商业模式一天不改变，公司就每天都需要去面临同样的危险。

每一天，柳井正醒来脑子里考虑的第一个问题便是今天到底会不会产生积压的存货。这已经成为他最大的心理压力了。

虽说在这种固有的经销模式下，商场和厂家签订的合同中有规定一定的退换货数量，但也正是因为这条规定，商场从厂家进购的产品在价格上要贵一些。这样一来，卖场虽可以大幅度降低自己的销售风险，但高价换来的服装就必须以高价卖出去，如果以公司所倡导的低价模式来销售，剩下的利润空间几乎可以忽略不计了。

这等于是把所有的压力又重新转嫁到了消费者的身上，柳井正创建优衣库的目的本不在于此，因而当下的这种经营模式反倒成了他继续发展的最大瓶颈。

在这种模式中，生产商制造出来的产品卖给销售商后，他们往往还要从销售商手中拿到一定的利润提成。为了保证自己的利润最大化，他们必定会采取一切手段来抬高服装销售的价格。按照这样的模式发展下去，公司不但挣不到一分钱，其所推崇的低价和亲民风格也必将变成所有消费者口中的大笑话。

柳井正知道自己根本就没有能力也不可能说服所有的服装生产商同意自己的经营理念。既然摆脱不了这种固有的模式，那倒不如自己开创一种新模式。

他提出了一个十分大胆的设想。公司若想要继续保持自己的低价销售模式，就必须把进货的价格控制住，同时还要防止生产商插手自己的销售价格。当下的阶段，想要自己生产真正属于公司品牌的服装还不到火候，为此，柳井正只得暂时寻找一个妥协的方法，他开始向所有的生产厂家下单定制品。

什么叫定制品？一件服装，从最初的款式设计到材料选择，再到生产数量和价格设定，这些完全由公司自己来制定。生产厂家的角色此时变成了一间纯加工厂，他们只需要完成柳井正交代给他们要做的事情，就可以拿到柳井正公司在合同中许诺好的资金。按照这样的模式进行生产，自己的公司就变成了整个活动的主宰者，生产商反倒成了只需要按部就班去完成自己任务的流水线。柳井正的最终目的，是创建一个只属于优衣库的品牌，跟其他服装品牌再无任何关系。

但这一切其实都是柳井正自己的美好幻想，生产厂家当然不会答应。如果这样做，其工作量非但没有减少，拿到手的收入却比之前要少得多。当柳井正和海外的生产商谈及这个问题的时候，他们表示只愿意接受一定数目的订单，并不会让整个工厂的所有工人都参与到这项计划中来。

柳井正有些沮丧，这么做其实对公司的经营来说是非常冒险的。因为是定制品，所以根本就没有办法退换货，生产厂家只负责加工就可以了，尽管柳井正自己这方承担下了所有的风险，但厂家还是不同意这个计划。

当时正值日本国内的经济全面复苏，日元开始急速升值。所有人都认为这是一个绝对的好时机。只要现在出手，公司就能够以更低廉的价格购进大量产品。同时在销售方面，低价格也不再会像之前那样令经营者始终无法接受。但这只是理想中的经营模式，等到在现实中想要大规模加以应用的时候，柳井正发现还是存在许多难以克服的困难。

雪上加霜的是，美国GAP公司在这个时候进入了日本市场。这家创办于1969年的公司对柳井正的优衣库造成了巨大的冲击。首先从经营模式上，GAP就已经达到了柳井正的理想状态——自产自销，他们自己设计产品，在生产环节上派人去现场跟踪管理，这样无论是款式还是品质都能够得到保证。其次，GAP强大的终端采集、物流配送，让公司在整体设计和生产上能够迅速做出调整。

在内忧外患的情况下，柳井正一时间陷入了迷茫的状态，前路究竟在何方？一向敢于冒险的他此时有些踟蹰不前了。这时，一个商业考察团准备到香港进行考察，感觉有些走投无路的柳井正决定跟着考察团，到世界贸易的自由港——香港，去看看，说不定在那里存在着转机。

梦想照进现实

偷师香港

在香港，某服装品牌物美价廉，让柳井正像找到了知音一般，尤其是它的SPA经营模式，柳井正认为就是自己理想中的经营模式，给消费者提供最便宜价格的同时还能保证卖出去的每一件衣服都是高质量的。他自己创建的优衣库模式走的就是这个路子，但柳井正还远远没有走上正路。

所谓SPA经营模式，简单而言就是自创品牌的专业零售商的经营模式，是将商品策划、制造再到零售整合起来的一个整体。SPA模式能够有效地将顾客和供应商联系起来，以满足消费者的需求为首要目标，通过改革供货方法和供应链流程，实现对市场的快速反应。可以说，SPA模式是当下服装领域最强的商业模式，并在世界范围内普及起来。

这个理念对于柳井正来说，无疑就像汪洋中的一根救命稻草。优衣库现在所遇到的困难不正是SPA模式可以解决的吗？于是，柳井正再一次动起了想要自己生产服装的念头，制造独属于优衣库的原创服装品牌。他认为，自己能够亲身参与到服装的生产过程中，是生平最大胆的一次尝试。今后的所有行动，目的都只有一个，就是要把SPA模式引进到自己的公司，为消费者提供最具有质量保证的商品。只有这样，公司才能按照现有的模式长期发展下去，而不是逐渐走进一个死胡同。

虽然一切都是冒险，但他却"明知山有虎，偏向虎山行"，认为这是一条早晚都要走的路。这也成为柳井正今后必须走的一条道路，即使前途充满了挫折和险境，也无法回头。然而，既有的SPA模式是香港的，而不是优衣库和柳井正的。想要引用新的经营模式，就先要学会改造，把它改造成适合自己的，才能够成为对自己而言最好的。

SPA模式被本土化道路大致有两种：一种就是传统欧洲品牌所采用的模式，如一些设计师品牌和奢侈品牌，他们致力于打造品牌形象和文化，意在引领世界潮流，所以他们的重点在于产品的设计与策划上，这导致产品的价格都很高昂，这对提升单件产品的纯利率十分有利；另外一种就是美国GAP公司的非传统SPA模式，这种SPA模式的特点是反应迅速，能够在短时间内捕捉到流行趋势，并将其大规模地生产出来，这样虽然不能提升单件产品的价格利润，但是却可以大幅度提升反弹率和产品销售数量。

很显然，后一种模式更加符合柳井正的经营思想。回到日本后，柳井正又在美国GAP品牌的SPA经营模式上，琢磨着加入了一些自己的思想。最终，柳井正总结出了这么几步：

第一步，虽然对新潮的服装采取了一体化生产，但刚开始的时候还是只限于小范围内的实验生产，以免因为决策的失误而带来更大损失。

第二步，为了满足大众的审美需求，主动放弃对市场的调研工作。柳井正把当季对流行和时尚的调查任务外包给了其他公司，从而避免了公司设计师们的孤芳自赏。

第三步，如果不是最新上市的服装，在价格上一定要做到最低线。这是柳井正始终坚持的准则。如此的做法，迫使优衣库只能开始在亚洲邻国寻找劳动力成本更低廉的厂家来进行加工生产。这也意味着，节流和开源的重要性是同等的。

第四步，公司自己的工厂更加偏向于技术密集型生产，以避免和亚洲邻国以劳动力密集型为主的生产模式"撞车"，避免造成资本的进一步浪费。

至此，柳井正带领公司开始把自己庞大的触角伸向产品的生产环节。只有这样，才有可能最大限度地降低生产成本。再加上公司本身就是零售商的角色，由此可以灵活规避因为对市场导向信息的误读而导致的生产浪费。因而，优衣库已经在SPA模式的道路上起程了。

发展加盟店

经过一系列的反复摸索，柳井正倡导的SPA模式和优衣库之间有了更紧密的结合，SPA经营模式从此也开始逐渐在优衣库中生根发芽。

在SPA模式的指引下，优衣库这个本来应该属于零售商的角色完全可以自主决定整个生产链条的进度和方向。从设计、生产、物流到销售，各个方面都提高了运营效率。柳井正对SPA模式的理解是，不仅要让公司有更高的利润产生，还要让各个环节都产生前所未有的利润，这才是最大的成功。

此时公司的所有店铺都已经进入了成熟运营阶段。商品交易量一直保持着稳定且快速的增长，柳井正除了要考虑产品的进货外，还要考虑扩大自己的经营市场。如果新开的店铺依旧是由他出面亲自指导的话，那必定是最完美也最合理的状态。但开一家新店铺所需要投入的资金和人力、物力是相当庞大的，单纯的直营店已经让柳井正感觉到自己有些被拖累了。

如果自己把所有的精力都放在开新的直营店上，那么就必然要放缓对SPA经营模式的尝试。柳井正觉得这是一笔得不偿失的买卖。一方面是短期目标，一方面却是长期利益，而想要在这两者间寻求到一个合适的平衡点，却是一件极不容易的事情。

为此，柳井正决定，新开的店铺要减少直营店的数量，转而大力发展加盟店。

别人是否愿意加盟优衣库，关键还是利益问题。因此，为了让大家能够看到实实在在的利润，柳井正冥思苦想了很久，终于想到了一句广告词："在10万人的城市中，你只需要165平方米到264平方米的面积，就可以实现年销售额2亿日元的目标。"这几个极具诱惑力的数字经电视播出后，一时间红遍了日本的大街小巷。而这还不够，为了扫除加盟商的顾虑，柳井正还承诺，他将组建一个专业的团队，帮助加盟商打造出适合当地风情的店铺，并对店铺进行装修和改造，不但要满足更多年轻人的胃口，还能够保证保留下店主喜好的风格。

就这样，在诱人的利润和强大的支持下，人们纷纷将投资目光集聚到了优衣库身上。于是，加盟这件事情很简单地就做成功了。

1986年10月，优衣库的第一家加盟店在山口开张了。半年后，第二家加盟店在仓敷市开张了。之后不到两个月的时间，冈山市的第一家直营店也开张了。到1987年8月，优衣库已经有了七家店铺。除此之外，柳井正手中还握着家族传承的男士西装店以及一家女装店。

十多家店铺的经营状况全都依赖于柳井正一个人，这让他一时间感到前所未有的压力。但是有压力就有动力。柳井正凭借着这几家店铺的规模效应，创造的销售额高达22亿日元，利润空间达到了6500万日元。很显然，此时把公司前进的脚步强行遏制住是非常愚蠢的。柳井正意识到，自己的经营正在逐步走向连锁的模式，他开始进入规模利润的黄金时期。一年后，其销售额就突破了41亿日元。

这时，柳井正的优衣库加盟店已经达到五家，而他正在经营的店铺总量也达到了22家。这也意味着优衣库对产品数量的需求越来越大，柳井正急需要一个既能够大批量生产出服饰，又能够保证质量和低价的厂家与之合作。这时，他不禁想起了香港，认为中国市场是一个绝佳的选择。对于自己认定的事情，柳井正已经习惯了说做就做。于是他立即着手在香港成立了采购办公室，这期间还发生了一件趣事。

在注册公司名字的时候，发生了一件趣事。原本优衣库的企业徽标是"UNICLO"，但是注册时却把"C"写成了"Q"。香港的政府公务员连忙道歉，并承诺重新办理一份，没想到柳井正看到后却喜笑颜开，因为这个不经意的"Q"，让公司的徽标拥有了极富活力的变化，尤其是"Q"后面的那条小尾巴，就像是一个可爱的卡通形象。因此，柳井正当即就拒绝了公务人员的请求，将错就错地将"UNICLO"改为了"UNIQLO"。为了更加简洁，还将原来的"优·衣·库"也给改了，改成了优衣库。这次偶然的小插曲，让优衣库的品牌逐渐被大众熟知起来。这可能就是所谓的"无心插柳柳成荫"吧！

采购办公室成立后，优衣库在香港就算是有了"一席之地"。优衣库的服装生产权就此全权委托给中国的缝纫工厂了。为了确保服装的质量，柳井正雇用了大批退休的日本熟练老师傅，前往中国生产现场监管品质质量，并将部分服装生产技术转教给中国技工。这样生产出的服饰价格低廉且质量还不错，最后这些服饰再返销回日本。

从某种意义上而言，柳井正是第一个和中国人开始做生意的日本经营者。他这一举措，在日本服装界掀起了一阵模仿风，很多日本经营者纷纷认为只要把服饰放到中国来加工，就能实现低成本和高质量。对于大家的模仿，柳井正认为，一味地模仿，或许能够令这些企业降低成本，但是如果做出了"卖不出去的便宜货"，那就没什么意义了，因为做生意需要创造性地创造需求，而柳井正就是这个"创造者"。

此时，柳井正已经开始企划自主设计产品了。他召集了公司中最好的设计师来设计服装样式，这些设计师把每一款设计好的样式都手绘出来，然后再拿给生产厂家去制作。因为这些式样已经属于定制产品了，所以不存在退换货的可能性。但不知道是因为自身在市场的调研上出现偏差，还是其他什么原因，总之最后生产出来的衣服依旧出现了滞销的情况。无奈之下，他们只得以低于成本的价格贱卖出去。

可见，一切改革都孕育着不可估量的风险，而人们往往只能看到那些企业在改革后的成功，却很少能有人知道他们在改革中所经历过的失败。不过好在这种失败是短暂的，在1987年后的两年时间里，优衣库就又扩张了七家新店铺。这样的扩张速度，让商业界的人士啧啧称奇。

所有大胆的尝试，在同行看来都是相当危险的事情，但柳井正认为，没有冒险，就永远不会有成功。当初那个浪荡公子再也不见了，现在站在卖场里的是一位深谙商场经营之道的资深人士。他再也不觉得买卖、采购和进出口等事情枯燥无聊了，相反，现在的柳井正刚刚开始享受这一切给他带来的乐趣。

这种境界，只有经历了诸多风雨后方见彩虹的人才能有所共鸣吧！

遇见安本隆晴

公司经营的规模越来越大，为了让自己的思维跟上公司快速发展的脚步，柳井正不得不抓紧一切时间来充电，从头开始学习经营管理的知识，甚至还要不停地向注册会计师以及经营顾问请教极为专业的财会知识，他不想因为自己的无知而在做决断时出现失误。

这期间，柳井正读到了一本有关于公开招股的书。作者站在经营者的立场上详细讲述了一家企业应该如何进行公开招股，以至最后成功上市。通读全书后，柳井正感到受益匪浅。但是，有很多地方柳井正认为自己还没有完全理解透彻，如果能够见到该书的作者——安本隆晴，那一切问题就迎刃而解了。

当柳井正的这个意愿被传达给安本隆晴后，安本隆晴很愿意跟柳井正见一面。就在1990年的9月份，安本隆晴第一次出现在优衣库的总部。这一年，柳井正已经41岁了，而他一直仰慕的对象却只有36岁。

当身体羸弱、爬四层楼梯都要气喘吁吁的书生模样的安本隆晴出现在柳井正面前时，他不禁有些失望，这样一个人跟他想象的完全不同，让人丝毫联想不到那些优秀的作品，当时的柳井正满脑子的问号：他，能行吗？

然而，安本隆晴一开口，柳井正心中的疑虑就打消了好几分。因为眼前的这个年轻人说起话来自有一种强大的气场，尤其是当他说到"要做前所未有的全球性企业"时，柳井正仿佛看到了他在书中捕捉到的影子。

这一次见面交谈的过程相当漫长，柳井正和安本隆晴一起详细回顾了公司的发展历史。最初从诞生要开一家自助消费模式的新店铺，一直到公司能够有今天如此的盛况，柳井正始终没有明说的是，他想要向安本隆晴咨询到底应该怎么做才能把优衣库推到可以成功上市的地步。此时的柳井正，面对比自己小的作者，心中仍旧存有几分疑虑。

但安本隆晴丝毫没有掩饰自己的雄心和对公司未来发展壮大的信心，他坚定地认为，如果优衣库能够成功上市的话，就不要再做一家普普通通的销售连锁店了，应该从当下开始，努力把公司发展成为一家日本国内从来还没有出现过的国际大企业。

而在此之前，优衣库必须成为一家具有上市实力的公司，这样才能在竞争激烈的环境中生存下去，与此同时，优衣库还必须要成为一家离开了社长，也就是柳井正也依旧能够正常运转，并且一切都可以公开的企业。

这些都是柳井正曾经思考过，但是却又没有思考透彻的事情，因此，当这些话语从安本隆晴的口中说出来时，柳井正深深地被安本的国际视野折服了。

一路走来，柳井正总是愿意和那些具有雄韬伟略的人围坐在一起亲切攀谈，他喜欢在事业上存有野心的人。因为他清楚地知道，只有心系梦想，才有把梦想变成现实的可能。柳井正印象中的安本隆晴是一个文弱书生，没想到他内藏着的却是如同军人般的硬朗作风。

这次会面以后，柳井正好几天都处在一种既新鲜又兴奋的心情之中，他不断地回想安本隆晴说过的每一句话。这让柳井正几乎在一瞬间就下定了决心，他要把此人拉拢到自己旗下，一起开创事业的美好未来。

于是柳井正全力邀请安本隆晴到优衣库任职，安本隆晴答应了，担任优衣库内部的督察工作以及注册会计师的职位。安本隆晴的加入，就像给优衣库注入了一股新鲜的血液。安本隆晴根据自己已有的经验和优衣库的特殊情况，设计出了一种新的经营模式，包括柳井正在内的所有人都必须按照这个模式进行基本工作。包括：

第一，每一个员工都必须明确自己的工作职责和工作目的，柳井正也不例外，甚至在这一点上他要比其他人具有更清醒的认识。今后企业的发展目标也应该规划出来，任何时候都不打无准备之仗。

第二，每个分店要自负盈亏。基于店铺的规模不同，盈亏的标准也略有差异。为此，安本还详细地列出了每年开店、销售、采购和资金周转的时间表以供参考。

第三，按月结算，财政年度预算和月结算出现了差异，就必须尽一切可能寻找出错误。这是个极为严肃的问题，所以更应该理智对待。

第四，安本隆晴在集合了公司内部员工的意见和建议后，制定出一套内部员工管理手册。这样做的目的，是要让一切经营行为都变得有理有据，任何人都不应该越过公司的标准线。

第五，安本强烈建议柳井正应该把员工的薪酬问题提到日程上来，只有如此才能保证每一个员工以更大的热情投入到工作中。

以上五点内容看起来似乎没有什么特别之处，但对于当时尚处于家族式经营模式中的优衣库来说，绝对是革命性的。在安本隆晴的指导下，这一系列的改革措施完全让公司保持着透明度极高的模式进行运转。要招股上市，就必须让股东和股民们了解到公司的财务运营状况，这是安本从不肯妥协让步的底线。

让柳井正意外的是，安本制定的这些条例，在很多讲述经营哲学的书籍中根本就找不到现成的范本。这都是他以自己的实际经验为出发点，再结合公司当下的特殊状况做出的决定。柳井正开始醒悟，知识只有被融会贯通之后，才会具有力量。写在书本上的只是文字，并不是知识。

柳井正刚开始还有些不适应这样的规则。因为自己辛辛苦苦创办起来的公司好像不再是属于自己的了。柳井正无论要做什么事情，都要受到各种规则的约束。之前自己是公司的主宰，一旦产生什么新的念头和想法，立马就去做了。现在却要通过召开各种各样的会议进行讨论，甚至还要举手表决才能决定，这让柳井正着实觉得有些委屈。

作为社长，柳井正不再是唯一发号施令的人了，所有的人，包括柳井正在内，都将变成公司经营中的一个环节或是一颗棋子，任何人的错误都会引起蛛网一般的颤动。但与此同时，这种牵一发而动全身的新组织结构，又让柳井正感到莫名的兴奋。他刚刚把整个过程弄清楚，转身就开始下达命令，要对优衣库现有的经营模式进行大刀阔斧的改革。

整个革新的过程还算顺利，遇到的困难也并不多。为了有一个更严密的经营体系，柳井正把之前负责公司信息系统的员工调派到了安本隆晴的手下。只要有需要，他随时听从安本隆晴的安排去调研所需要的资料。

在柳井正的支持下，安本隆晴把此种改革理念推及到了全公司，每个员工都在探讨公司未来的走向，这使得柳井正觉得员工和公司之间有了一种休戚与共的感觉。似乎这不再是一家公司，而是一个家庭，一个共同体。柳井正不禁有些兴奋。他认为，现在的公司就像是一辆需要许多人用力推才能发动起来的大机器一样，只有大家同心协力，才能够把机器发动起来，那时候才应该是一劳永逸的黄金年代。

安本隆晴推行的改革像是风暴一样迅速席卷了每一个优衣库店铺。柳井正不禁暗自庆幸，多亏自己当初没有系统学习过经营管理方面的知识，所以才会毫不畏惧地接受了安本隆晴的建议。但凡自己懂那么一点点招股知识，恐怕也不会这么轻易就做出改革的决定。

德鲁克主义

其实，在接受安本隆晴的思想之前，柳井正已经从书本里认识了另一个名人——德鲁克，以及他的德鲁克主义。在他的书桌上，永远都能看到德鲁克的书籍，每一本书都快要被他翻烂了。但是柳井正对德鲁克的崇拜和好感并不是从一开始就存在的，这一切要从柳井正25岁时说起。

当时，柳井正刚刚从父亲的手中接管了西装店的生意。那也是他第一次尝试着去阅读德鲁克的著作。柳井正的脑子里只有如何才能经营好西装店的想法，他想要从德鲁克的书中找到现成的方法和答案。结果却让他大失所望，上面写的都是些不着边际的社会、人生等内容，和经商根本就没有任何关系。

找不到任何正面答案的年轻人把德鲁克的书随手扔到了一边，他满是懊恼地发誓再也不看德鲁克的书了，认为读这种没有价值的书简直就是在浪费时间。

但当时的日本企业界正在风行德鲁克的书籍。无聊时，柳井正偶尔还是会翻上一两页来解闷。这个过程一直持续了长达数年的时间，一直到后来优衣库的分店开到了20多家，并且要从银行借贷高于自身资本数倍的资金才能维持正常运营时，这个时候的优衣库，一旦出现丝毫偏差，就会功亏一篑。

一个偶然的机会，柳井正又随手翻开了从没有看懂过的德鲁克的书。这时他才发现，原来最珍贵的宝藏一直都在身边，只是自己从来都没有发现而已。

再次接近德鲁克，柳井正在思想上来了个180度的大转弯。他从最初的不屑转变成十足的崇拜。这十年来的从商经验让他意识到，商业不只是商业，更是一种社会行为。如果脱离了社会单纯去谈自己的买卖，那只会让自己永远都停留在个体户的水平上。

让柳井正惊讶的是，自己凭借着多年的从商经验才悟出来的道理，德鲁克竟然在书本上早已经写得清清楚楚了。当柳井正终于和德鲁克产生共鸣后，他对于自己的经商产生了更大的信心。

在德鲁克的书中，有这样一句话："每个知识工作者，都必须把自己当成企业家来行动。在以知识为中心的现代社会，广告经营者是无法获得成功的。"正是这句话，深深吸引了柳井正。

什么叫知识经营者？柳井正第一次接触这个概念。很明显，单从字面意思理解的话，知识工作者就是公司里处于管理阶层的人，他们具备高学历，并且有着丰富的从业经验。但在现如今以知识为中心的现代社会中，如何让这些人发挥更大的效用是个难题。

按照德鲁克的说法，这些人不应该只是把自己当下的工作当成是一份工作来做，他们应该把优衣库当成是和自己一起成长的伙伴，有着一荣俱荣一损俱损的关联。但这个问题的根源不只在于公司的员工，更在于柳井正想要赋予公司一种什么样的文化体系。如果他认为老板和员工之间只是简单的雇用关系的话，那书中的理想状态便无从实现。

如果想要实现这种理想状态，那么在未来的优衣库，就不再存在雇主和奴仆的关系。不论是公司内部还是在员工和消费者之间，大家都应该像是一团和气的家人，而不是作为单纯的广告从业者一样，一旦把商品卖出去后就"事不关己，高高挂起"了。

柳井正期望自己的每一名员工都能够成长为真正的知识工作者。因此，他亲自制定出了《员工业务指南》，并利用一切机会给大家深植德鲁克的思想，同时他还极力强调要大家摆脱主仆关系的束缚，只有这样，各个分店在处理和客户之间的关系时才能具备更大的自主性和灵活性，不用受来自公司总部的人的约束。并且，对于柳井正来说，他自己根本就没有时间去一一管教员工。员工的自我服务意识提高了，这对公司的发展和柳井正自己来说都是难得的好事情。

柳井正知道，如果优衣库的员工只知道听从自己的命令，那未来的优衣库必将失败无疑。成功的企业，不但要有一个好的舵手指引方向，更需要每个划桨的人都能明白自己该用多少力，才能使得这艘船又快又稳地在大海中乘风破浪。柳井正不希望自己的员工们只是一个唯命是从的执行者，他想让每个人都变成真正的经营者。假使自己某一天退位了，把优衣库交给任何一个人，都应该是放心的，这才是最美好的优衣库之梦。

在柳井正看来，德鲁克理论的成功之处，在于他没有提到任何一点有关卖衣服的事情，但他却把问题直接指向了工作的本质、社会的本质和人类的本质。每一个读过他书的人，都能够用最浅显的办法学会最深奥的哲理。柳井正用一句话为自己总结了从德鲁克的书中学到的内容，即企业是为了顾客而存在，或者说是为了社会而存在的，我们不只是要追求自己的利润空间，更要追求顾客的需求。

这切合了此时公司当下的经营理念和发展方向。

与此同时，柳井正也阅读了一些日本经营之神松下幸之助的书。和德鲁克相比，松下幸之助更偏重于以具体的案例来说明问题，而不是单从理论来讲解理论。柳井正把这归结于两者身份的不同，松下幸之助是商人，德鲁克是学者，虽然角度不同，但得出来的结论却是相似的。

当柳井正决定让自己的公司上市时，他更惊讶地发现，德鲁克在几十年前写的《创新与创业家精神》一书，和自己公司当下面临的银行贷款、招股上市等问题完全吻合，就好像是德鲁克正在看着他是如何经营公司一样。柳井正不禁暗自惊叹，德鲁克的理论真的是超越了国界、时代和民族的概念。

德鲁克的观点是，所有的人都在靠着优点而获得报酬，而不是弱点。于是柳井正开始反思公司的强项究竟是什么。这个问题，引发了柳井正长久的创业发展困惑，也为新的发展高度开启了爆发契机。

三年目标

很明显，德鲁克在书中提出的问题其实并不复杂。优衣库的优势是什么？答案便是低价！

但正是因为低价，才让公司一直处于不赚钱的经营状态中。尤其是每次新店开张的时候，资金就更加显得捉襟见肘。因为分店开得越多，采购和销售的压力也就越大，本来就不丰厚的利润收入又得分出一部分去维持整个系统的运作。所以每到要开一家新店铺的时候，柳井正的手里都会捏把汗。

此时，他发现了遏制公司快速发展的另一个要素——税收。

日本的税收模式很特别。当时，一家企业要把营业利润的60%拿去交税。并且，在新的一年开始时，每家公司都要拿出上一年度税收金额的一半来作为当年的预付款。也就是说，如果一家公司一年的利润有10亿日元，那这一年的税收就要高达6亿日元，同时在年底还要拿出3亿日元的预付税收款。最后真正留在经营者手中的资金就只剩下1亿日元了。

尽管这样的税收方式遭到不少人的诟病，但这是体制的问题，包括柳井正在内的所有商家都必须按照这个体制去生存，这是铁打的行业规则。

当下的公司发展最需要的就是钱，柳井正反复琢磨，在这样的模式下，公司根本就不可能得到快速发展的机会。公开招股上市，已经势在必行，只有这样，公司才能够募集到更多的资金。

"上市"这个词，其实很早就扎根在柳井正的心里了。那时小郡商事加入了日本西装业最大的行业协会，在一次会议上，一家西装巨头公司的社长问柳井正："你们小郡商事公司将来打算上市吗？"柳井正当时的回答是："像小郡商事这样的小零售企业，我觉得根本不可能上市吧。"话虽然这样说，但是柳井正深深地记住了"上市"这个词。

如果说，当初西装店的规模距离上市还很遥远，那么现在的优衣库已经具备了上市的资格。此时，优衣库逐渐建立起了店铺网，总部管理体系与自主开发商品的采购体制也建设完毕，迈出了自有品牌销售连锁化的第一步。唯一欠缺的，就是公司的规模。想要公司的规模扩大，就只有一个途径——扩张。

1991年9月1日，在公司总部，柳井正把所有能够召集到的员工全都汇聚起来，他给这些人做了一份极为简短但有深远意义的报告。他无限感慨地对大家说道："我们公司，从最初的小郡商事能够发展成为现如今的大型零售公司，并且还在大力发展连锁经营，这已经是极大的成功了。但在未来的三年，我希望公司每年都能够开设30家新店铺。也就是说，三年后我们会有100家店铺。那时，就是我们上市的好时机。"

听到这个疯狂计划的时候，所有人都吓了一跳。是的，社长柳井正没有糊涂，他明明白白地告诉了员工们公司未来的发展目标。但此时的公司一共只有19家店铺，按照现在的发展速度根本就不可能实现这一目标。万一失败的话，整个公司都将面临破产倒闭的结局。这不得不说是一个孤注一掷的决定，柳井正也深知自己做的这个决定可能会带来的风险，但是如果不这样做，以后可能就再也没有这样的机会了。

经过简单的推算，柳井正发现如果能够在三年内开满100家店铺的话，那么要实现300亿日元的销售额也就不只是梦了。做梦，就要做大一点，柳井正深信这个鼓舞人心的理念。他内心坚定无比，在这个基础上，如果想要实现1000亿日元的销售额，也并不是完全不可能的事情。尤其是在他看到了以沃尔玛为代表的零售业领头军所推行的经营理念和他自己倡导的经营方式不谋而合时，他更加坚信了公司发展战略的正确性。于是柳井正像是一个老练的演说家一样，不断地鼓舞着员工的士气。

此时，柳井正真切地体会到了自己在优衣库中的地位，他是个商人，是需要做出决策以引导企业发展方向的舵手。他必须要努力，努力，再努力，才不会让从父辈就开始经营的心血到自己这里毁于一旦。同时，为了配合公司上市，柳井正将公司原本的名字"小郡商事"改成了"迅销"，意思就是要迅速捕捉顾客的需求，迅速把顾客的需求商品化，迅速摆上店铺销售。由此可见，柳井正对优衣库未来发展的期望，全都浓缩进这两个字里了。

今天，柳井正再次回想起当时的这个痛苦阶段时，才能真正释然总结：那是一个蜕变的过程，如果没有经历过风雨，又怎能见到迷人的彩虹呢？因此，他要感谢安本隆晴的这些措施，正是因为安本的尽心尽责，才让他懂得了在各个流程之外更多的事情。如果没有安本，公司的上市计划恐怕不知道会被拖到什么时候。

认清银行

柳井正认为不论做什么事情，永远都不能让自己的目标变得迷茫。

就像是参加奥林匹克竞赛一样，不管是第一名还是最后一名，他们都有各自的目标。第一名的目标是，永远不要被后面的人赶超，因此他需要更加努力；最后一名的目标是，无论如何也要赶超前一名，所以他也需要更加努力。正因为有了目标——虽不尽相同——彼此才有了更大的动力去追求。

开公司和参加奥林匹克竞赛的道理是一样的。失去了目标的公司，永远都只是在忙碌着，却从整个经营过程中寻觅不到任何有意义的事情。

现在柳井正的目标就是三年内开满100家店，然后让公司成功上市。在这之前，公司还面临着两个必须要解决的问题，其中之一就是公司账目的透明化，只有这样，银行才能放心地贷款给优衣库。

当时，和优衣库有着业务往来的公司有数十家，其中包括销售代理公司、装饰公司、房地产公司、采供公司等。这些都是柳井正为了全面推行SPA模式而联系的业务公司。但联系的公司越多，优衣库的账目也就越容易混乱不清。只有减少彼此业务上的往来，才能够让优衣库以最轻松的姿态出现在公开招股的过程中。

尤其是在彼此文书往来的过程中，公司内部账目被泄露出去的危险性很大。一旦让准备投资的股东了解到公司内部存在着如此混乱的态势，其投资的信心必定会大打折扣。

柳井正意识到现在要做的是减法，而不是加法。

为了解决当下混乱的状态，柳井正托人联系到一家资产管理公司。整整用了一年半的时间，他们才把和优衣库存在着业务合作关系的所有公司信息都整理清楚，这也为柳井正日后选择保留哪几家公司再合作提供了依据。

就在柳井正准备好一切，打算向银行提出贷款时，半路却杀出了"程咬金"，这个"程咬金"就是当时已经成为上市公司的青山公司。青山公司有意进军休闲服饰领域，而当时的优衣库在柳井正的带领下，陆续地开了许多郊外型休闲门店，而且吸引顾客的能力还不错，所以如果青山公司能够将优衣库收至麾下，那无疑是锦上添花的事情。可是对雄心勃勃想要上市的柳井正而言，这可不是什么好事，所以柳井正几乎不加任何考虑就拒绝了青山公司。他虽然很缺钱，但是却不会为了钱出卖自己一手经营起来的公司，况且在柳井正心里，他还有一个强大的后盾——银行。

企业资金不足向银行借贷是再正常不过的事情了。或者也可以把银行当作是中间商，通过银行实现融资。但银行会不会拿钱出来的前提是，他们必须确保自己贷出去的钱都是有保证的，是有着明明白白、清清楚楚的收益为前提的。

只是让柳井正没有想到的是，他眼中的后盾，竟成了他的障碍。

当柳井正带着一份详细的规划书来到广岛银行提出贷款的申请时，广岛银行并没有表现出柳井正预想中的热情来。

当时，公司发表的年度决算是销售总额为143亿日元，税前利润是9.2亿日元，比上年增长了5.7亿日元。按照道理来讲，这样的增长幅度，正是银行所希望看到的结果。但令柳井正没有预料到的是，当时日本的泡沫经济开始崩溃，从这家银行贷款的好几家公司都倒闭了。

面对利润快速增长的优衣库，银行担心这也是一个巨大的泡沫，一碰就会碎。所以广岛银行拒绝为柳井正继续提供资金支持，并且还好心提醒柳井正："在这样的经济环境下，还是不要再开新店为好。"这句话让柳井正极为恼火，他们怎么能够知道自己的远大志向呢？银行没有逆市而上的勇气，不代表自己经营的公司在这样的环境下也不能实现盈利。

最终，在这家银行的授意下，柳井正又制定了另一份贷款申请来到别的银行进行商榷。多次面谈后，银行终于通过了最终审查，并且批复了柳井正的申请。但此时柳井正和他父亲的所有资产都抵押在广岛银行中，想要在新的银行贷款就需要从广岛银行抽调一部分抵押资产出来给新的银行。

柳井正信心满满地来到了广岛银行，说明原委后，却没有想到之前拒绝了他的那个银行经理非常生气，他责怪柳井正放弃了他们而去找新的主顾。这让原本充满了信心的柳井正一头雾水，当初不肯继续贷款的是他们，现在自己想要取出存在广岛银行的30亿日元，却又遭到了拒绝，并理直气壮地说那是担保金不能取出。导致柳井正有钱只能存在广岛银行，却没有办法动用它来做别的事情。

其实，银行这样有意为难柳井正，不过是想要让柳井正把他当成是中间商，进而把自己的银行也介绍出去，以增加银行的业务量。银行的经理为了说服柳井正把他们也引荐过去，还多次派人来向董事会做说客，以给柳井正开新店增加压力。

当初，柳井正天真地以为，只要银行贷款给优衣库，自己每个月向银行缴纳足额的贷款利息就可以了，彼此之间应该是平等合作的关系。但是现在看来自己好像完全想错了，事实上是自己要完全受制于银行。柳井正终于意识到，想要保证优衣库的正常发展，就必须听从银行的指令，尽管这些指令有很多都是错误的。因为和银行的矛盾不断升级，使得优衣库的发展越来越艰难。

最后的准备

在人力、物力和财力都不到位的情况下，柳井正陷入了深深的焦虑之中。他害怕的是一旦资金出现问题，当初的一系列改革都将是徒劳，自己许诺下的三年梦想也将变成泡影。为了让公司能够健康持久地发展下去，柳井正必须保证自己做的每一件事情都是正确的。此时的柳井正如履薄冰。

依靠银行借贷来完成三年目标，听起来总是有点不靠谱。柳井正心中也背着沉重的包袱，他常常在想，优衣库的商品真的会畅销吗？真的会有如同预想的那么多数量的顾客来店购物吗？面对着这些悬而未解的难题，柳井正恨不得每天都能亲自跑到各个店铺中去了解实际的经营状况，这让他觉得一切都还在自己的掌控中。

虽然银行贷款的问题暂时没能得到解决，但另外一个问题却不得不立刻解决，那就是人才和管理。

优衣库的连锁店越来越多，公司总部的员工也越来越多。虽然没有人会质疑总部在管理方面的权威性，但如何才能够把总部的管理和各分店的实际经营状况结合起来，才是最重要的问题。

因为是第一次公开招股，谁也没有经验，所以柳井正缺的是一个能够在管理部门压得住阵脚的人。一旦公开招股中出现什么问题，这名主帅必定要有披荆斩棘般的魄力。这样的人才不好找。公司内部的人都没有这方面的经验；从公司外部招的话，还得让他先花上大量的时间来了解优衣库的内部材料和经营理念。最后，实在没有其他好的办法可行，柳井正决定在公司内部调整好员工的岗位权责。他认为只要大家把各自的事情做好了，也就没什么可担心的了。

柳井正首当其冲地要做出表率作用。当时公司还没有明确的例会制度，差不多是柳井正走到了哪里，就在哪里开会。只要有了新的想法或念头，不论是在开车、吃饭、走路还是正在做其他什么事情，他都会马上把员工召集起来讨论。会议的形式简单到极致，大家甚至都不用会议室，彼此拿着各自的笔记本记录下柳井正的讲话，谁要有其他见解当场提出来当场解决掉，一旦得出结论，就要马上去执行。

速度就是生命，这是柳井正经商的信念，但对他的意义远不止一句话这么简单。

也正是这种风风火火的精神，让柳井正实现了在一年内开设30家新店铺的奇迹。渐渐地，越来越多的公司员工发现，柳井正简直是个工作狂，尤其是在筹备新店铺开张时，柳井正常常连周末都不休息，也要保证在开张过程中不能出现一点纰漏。

作为优衣库的最高指挥官，他的表率行为自然也起到了十足的带动作用。

此时，柳井正也开始意识到信息时代到来的必然性。最初，所有店铺里的销售数据都是委托专门的信息管理系统制造商来维护，一直到1988年7月公司引进了POS终端后，才结束了委托他人处理自己财务信息的时代。POS系统能够将各个门店的销售信息马上传到总部，但是这种POS系统最终只能处理几十家门店的信息。而现如今面对上百家的门店，POS系统显然已经管不过来了。对于大规模发展连锁产业而言，能否第一时间里准确分析出销售状况，并反映出投入商品、门店调配货物、调整售价的一系列数据，是事关公司经营盈亏的大事，所以柳井正决定引进新的系统——计算机系统。

随着互联网科技的不断发展，全球都在快步走入信息化时代。店铺在引进了信息机制后，各个店铺的销售信息可以及时反馈到公司总部，且可以根据总部的指导意见在第一时间对店铺经营状况做出调整。上下级之间的互动再也不用派专人到现场去指导，员工的工作效率有了大幅度提升。

连锁店的规模越大，就越需要有清晰的账目，这是成败的关键点。借助于飞速发展的电脑科技，柳井正在公司内建立起了数字管理系统，使得优衣库店铺在硬件上远远超出了同行竞争者。并且，基于网络平台，各个店铺的经营者可以实现实时沟通，柳井正下达的命令可以在言谈之间即时收到反馈。

让柳井正始料不及的事情是，因为推行店长最大的管理制度，自己下达的命令或许是因为和该店铺的实际情况不相符合，在他刚刚说出命令的间隙，网络终端的另一头就传来了干脆利落的反对声音。甚至有时候，因为总部的一个疏忽，还会引来门店店长的大发雷霆。但柳井正不会因此发火，更不会因为对方这么直接的反对而生气。他反倒觉得这是一件好事情，不论是对总部还是分店来说，抑或是针对网络这个虚拟的平台来说，能产生如此效果，让柳井正着实觉得满意。

第四章

蜕变成蝶

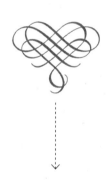

挣钱才是硬道理

终于上市啦

100 万日元的奖励

先过质量关

失败乃成功之母

从 ABC 开始改革

工作的真谛在于付出

挣钱才是硬道理

为了能够向银行贷款，柳井正已经将自己的财产、父亲的财产全部抵押给了银行，但是依旧不见银行方面有什么动静。柳井正有些着急，是不是因为自己抵押在银行的资产不够，如果是这样的话，他希望银行能够根据现有的行情价格进行重新评估。但这样的审批过程显然十分烦琐，银行经理最后也没有给任何回信，这件事情也就不了了之了。

柳井正只好考虑如何把投资者的目光吸引到优衣库上来。什么最能吸引投资者的目光？答案无疑是商品。如果自己经营的商品连投资者都吸引不了的话，又怎么能够把钱吸引进来呢？在商品上做文章，一个是款式，另一个就是质量。所以必须要针对商品的质量和销量做出各种推销计划，柳井正把这一项任务交给了公司的采购员去完成。有意思的是，以前的采购员在公司内部改革之后，叫"营销总监"。

其实，英美地区的一些服装连锁店在短时间内实现数千亿日元乃至数万亿日元的销售额并不是夸张的事情，他们的年回报率甚至可以达到300%。柳井正虽然羡慕不已，但他早已经暗下决心：既然他们能够做到的事情，我柳井正也一定能够做到。

行动可以证明一切，空想只是一场对现实华丽的意淫。柳井正始终坚持这条听起来并不怎么顺口的成功法则。

日本国内的企业曾有一段时期刮起了开连锁店的风潮。但这股热潮退却后，留下来的也只有经过市场洗礼的残花败柳。或是因为经营不善而关门，或是因为经营者无心照料而萧条经营，这些失败的案例恰恰证明了柳井正当初选择加盟店的正确性。

这些新开的连锁店，失败的另一个重要原因还要归咎于经营者只是在一味追风，根本就没有考虑到产品的市场销量前景以及商品质量等要素。从这些失败的案例中，柳井正也得到了不少教训。既然是开连锁店，就要在所有的店铺中都提供同等质量和价格的服装，才能够形成规模效应和品牌效应。一旦出现自己打自己的窘态，那该是多大的笑话！

所以，柳井正虽然身在总部，可他的心却悬在分店，他始终放不下自己那颗愈发焦躁的心——一方面要让公司所有分店的商品质量维持在同一水平上，另一方面资金不到位，已经成了遏制优衣库快速发展的最大难题。为此，柳井正不得不想出一个讨巧的办法来应对当下的困境。

在零售业有一个潜规则，那就是位置决定成败。店铺的地段好，客流量就好，顾客也多。柳井正熟知这一条定理，他也想把自己的店铺开在一个好位置，这样可以让人们远远地就能看到优衣库的标志。但是，位置好的店铺租金也高。这对于当时的优衣库来说，成本太高。为了省钱，柳井正只能把新店铺开在并不算太繁华的街道上。但是这个店铺所在的位置必须是从主干道上有直行线能够穿行到这里。这正是柳井正的选址诀窍。这样一来，租金减少了，顾客到达这里的便捷度并没有降低。相反，还避免了和同行业的正面交锋。

优衣库在静冈市开的第一家店就是一个最好的例证。虽然它不是开在主干道上，但一条简单的人行道就把两条完全不相干的街道联系了起来。在开张前，有一些抱有守旧想法和念头的人，认为在这条并不算是主干道的街道上开店无疑等于自杀。最后，事实胜于雄辩，这家店竟然成了静冈市销量最好的一家店铺。

其实，柳井正早就算明白了一笔账。在繁华的地段开店，首先要支付高昂的租金，这就需要该店铺必须售出大量的商品以保证资金回笼。如果销售额因为种种原因出现下滑，那对于这家店铺的打击一定是致命的。店铺选择什么位置，必须和其当下的经营状况相适应。

就像广告词中说的一样，适合自己的，才是最好的。

柳井正选择新店铺位置的标准，确实和其他人不一样。

随着新店的不断开张，优衣库的名气也越来越大。当初小型的店铺风格已经有了很大的改变，新的优衣库店铺中出现了五六百平方米的大卖场，有的甚至超过一千平方米。柳井正给顾客提供了一种优化的购物享受，顾客不但很轻易地就能找到优衣库的店面，而且能在店中一眼就找到自己需要的服装。柳井正独辟蹊径的选店方式，反倒达到了双赢的效果。

在店铺选址上剩余下来的资金，完全可以用于重点店铺的规划之中。这不是孰轻孰重的问题，作为一个经营者，必须要有用钱来挣钱的意识，这是最基本的商业常识。因为对经营者来说，只有挣钱才是硬道理。

发展到这个阶段，公开招股前的所有准备工作都已经完成了。下一步等待柳井正的，便是公开上市。

终于上市啦

柳井正和他的父亲一样，是一个富有情怀的人，尽管后来给他带来成功的是休闲服饰，但是柳井正依旧没有丢掉西装店。就如同他的父亲一样，即便涉足了很多行业，但是依旧将西装店作为自己的据点。但是比起柳井等，柳井正更像是一个真正的商人。当设立在郊外的优衣库店铺已经成为集团军的时候，柳井正觉得西装店再没有继续开下去的必要了。于是在1992年4月，他果断地关掉了自己手中最后一家西装店铺，把所有心思都放在优衣库的经营上。

与此同时，柳井正开设的第一家优衣库店铺因为经营不善已经停业了。但是公司上下员工认为这家店凝聚了创业初期的心血，所以从感情上讲，大家都不愿意关掉这家店。对于柳井正而言，第一家店也同样具有非凡的意义，这家店就像是他辛辛苦苦培育起来的孩子，但不幸的是，这个孩子最后却夭折了。柳井正的不舍之情显而易见。可作为商人，柳井正不能因为感情原因就做出有损公司发展的决定，因为公司的未来根本就不是个人感情所能够左右的事情。第一家店铺既然已经走向了衰落，那就必须果断地终结它。

虽然做出这个决定让柳井正很难过，但同时也让他在经营公司时更加用心，因为他不想再看到自己辛苦经营起来的店铺最终面临倒闭的结局。

随着优衣库发展的日益壮大，公司总部的办公大楼已经有些落后了，这个位于宇部市、狭窄的铅笔型大厦内，每个员工每天都要为了工作跑好几次四层楼，这大大影响了工作效率。所以柳井正很早就设想，将公司所有员工都集中在一栋楼里，这样能够大大提升工作效率。为了达到这个目的，柳井正开始派人到处去物色合适的地方。终于在山口县找到了一个外表形似大仓库的地方，里面的空间宽敞且明亮，这是柳井正希望的样子，并且也正符合公司的理念——服装仓库。于是柳井正当下就决定将总部搬到这里。

截至1994年4月，柳井正的三年目标终于实现了！不但完成了三年内开满100家店的目标，还超出了预计的数量，于是他正式向广岛交易所提交了上市申请。1994年5月中旬，广岛证券交易所通过了迅销公司提交的申请，而日本中央财政部的听证会也进行得异常顺利。7月14日，迅销公司以全新的姿态在广岛证券交易所上市了。这一天，正好是法国大革命纪念日，对优衣库而言，这一天同样也是革命性的一天，也同样需要纪念。

通过竞价，优衣库最后的股票价格为7200日元，这可不是让人喜欢的价格，因为相对而言，这个价格有些高了。虽然很多人已经料到了优衣库的股票价格一定会很高，但少有人能想到价格会出现爆棚的状态。柳井正担心这一价格会让投资者们望而却步。但是事实却证明柳井正的担心多余了。第一天开盘，由于买盘多抛盘少，竟导致股票出现了涨停。这一状况让柳井正在骄傲之余，也有些受宠若惊。其实，人们是看到了优衣库在日本一直以来的优异表现，看到了优衣库成长的潜力，所以人们能相信，即便优衣库的股票发行价格如此之高，但是依旧会让他们从中获取到丰厚的回报。这样的信心对于柳井正来说，是对他这三年来苦心经营的最好回报。

第二天开盘时，就已经有将近130亿日元的资金流动到了迅销公司的账户上，并且股票的开盘价就飙升至14900日元，比第一天的开盘价整整高出了一倍有余。这样的情况，在当时正处于泡沫经济的日本，可谓是难能可贵。

柳井正第一次尝到了公开招股上市的甜头，心中确实有一种难以言表的喜悦。在此之前，他一直都担心资金不足的问题，现在却再也不需要担心了，因为资金再也不是羁绊优衣库发展的障碍了。

可笑的是，这个时候广岛银行又跑了出来，与柳井正商议贷款的事项。缺钱的时候，银行对柳井正避而远之，甚至不惜撕破脸皮。现在看到了优衣库良好的发展势头，银行却又跑过来假装热情，这还真让人哭笑不得。不过柳井正不会因为曾经被银行拒绝过，就对银行怀恨在心，毕竟有银行在自己背后做资金支撑，怎么说都是一笔稳赚不赔的"买卖"，所以对于银行的示好，柳井正当然照单全收了。

再回首，柳井正忽然觉得，原来自己已经走过了一段奋斗的岁月。现在，他需要做的是重新站回到起跑线上，未来还有更长远的路要走。

100万日元的奖励

柳井正就这样与成功不期而遇了。但成功并不总伴随着优衣库。此时，公司在关东地区的千叶市开的第一家店铺却遭受了意外的失败。

这家店的名称叫千叶绿店，开业当天一大早柳井正就匆匆忙忙地赶到了销售现场。作为关东地区的第一家店，更是公司在千叶市的形象工程，柳井正不想看到有任何不好的状况发生。

出乎柳井正意料的是，竟然没有一个人前来购物。这和当初在广岛开店的境况完全相反。柳井正忙把市场调查人员召集过来，他要在第一时间弄明白究竟是什么环节出了问题。

调查结果出来了。在关东地区，优衣库的知名度并不高，即便这家新型自助购物模式的大卖场已经在东京上市了，但关东地区的人们根本就不知道优衣库是做什么的，而且这种情况并不仅限于关东地区。这是柳井正无法接受的事实。他满脸严峻地回到了公司总部，如果无法解决关东问题，那就说明优衣库同样也无法解决其他地区类似的境况。

突破点，所有的人都明白只要找到一个突破点，优衣库在关东地区就一定可以闯出一片天地来。但突破点在哪里？柳井正内心有些茫然，他不知道如何做才能让关东地区的人们相信优衣库真的是一家物美价廉的卖场，即便是把之前成功的经验照搬过来，也同样没有效果。

在这期间，迅销公司在东京证券交易所二部成功上市了。但是柳井正顾不得高兴太久，因为关东地区的问题依旧没有解决，他原本以为关东地区的第一家店经营状况不好，是因为大家对优衣库不熟悉，如果能够多开几家店铺，用规模经营的方式来让消费者认识优衣库，让所有的人无时无刻都能够见到优衣库的广告，也许大家就能够认可优衣库了。但是结果却不如他所愿，尽管又陆续开了好几家店，可是人们对优衣库的态度还是相当冷淡。直到在北海道开的一家新店，一件商品都没卖出去的时候，柳井正才明白自己这种方式行不通，如果再不做出改变，就会在这个问题上跌大跟头。

这时一位优秀的证券分析师为柳井正分析了当前的形势问题。他说，优衣库从一开始到当下的成功，打的名号都是折扣店。但在关东地区，折扣不仅仅意味着价格上的便宜，更有可能代表着质量上的严重缩水。在当地人看来，折扣必然没有好东西。相对于质量来说，价格反倒不是他们最看重的东西。关东人进店购物，如果对商品的感觉不是很好，即便是再低的价格，也引不起他们的兴趣。转身就走的关东人是绝不会再进这家店铺的。

分析师的话对柳井正而言如拨开浓云见了太阳，他突然觉得，自己对关东人的性格竟然一点也不了解。在没有完全摸透关东人性格前就贸然开店，遭此打击应是必然结果。当时，纵然大家都知道店铺经营时打出来的口号是低价高质，但却没有几个人真正相信这句话。要想解决这一难题，先要扫除消费者心中的障碍，彻底改变人们对优衣库的认识。

为此，柳井正派人做了一次问卷调查，调查的结果令人吃惊。有消费者反映，为了不让别人知道自己的衣服是从优衣库购买的，回家后会直接将标签剪掉。顾客为什么要这样做呢？是因为穿优衣库的服装让他们觉得没有面子，还是因为优衣库的服装质量始终不能让顾客信服呢？但无论答案是什么，顾客对优衣库服装质量的质疑是毋庸置疑的事实。这一点，柳井正虽然无法接受，但是他却不得不承认，在服装质量方面，他无法做出问心无愧的回答。

为了彻底改变优衣库的形象，柳井正在报纸和电视上刊登出一则十分大胆的宣传，"只要挑出优衣库一处缺点，就给你100万日元的奖励"。俗话说，重赏之下必有勇夫，人们纷纷加入挑错大军，优衣库在短时间内就搜集到了近万条的意见。

"1900日元买到一套运动装，只洗了一次就缩水了。"

"T恤洗过一次后，领口就松了。"

……

这些反馈意见中，多半是对商品质量的指责。此时，困扰了柳井正很久的问题终于找到了突破点，那就是如何在保证低价的优势上提升产品的质量。这个问题看似简单，但实则是一个大问题。

先过质量关

优衣库终归只是一家零售公司，即便有SPA模式做支撑，但想要控制整个生产业到零售业的全过程，也绝对不是一件容易的事。在生产上，优衣库已经把产品委托给生产厂家生产，虽说是在最大程度上把价格降低了，但因为厂家从中得到的利润大幅减少，所以无法保证每件衣服的质量。

类似于这种纽扣钉偏了，或者很快就脱落下来，或者是把衣服的里面和外面弄混了的情况，可谓是层出不穷。且不要说当时的加工厂家是在国外，就算是在日本本土，也需要经常开会来沟通，在国外就更加鞭长莫及了。除此之外，还有一种方式，就是将生产委托给商社，但是商社最终也是将产品生产丢给厂家，不会真正用心去监督管理，因此商品的质量依旧得不到保障。

因此，如果想要生产出物美价廉的产品，就必须委派专门的人员在生产现场进行严格的跟踪管理，做好每一个生产环境的监督，否则品质是绝对无法得到保障的。但是产品质量管理是一门很复杂的学问，在当时的日本，没有销售商愿意或者曾经想过这样去做，但是柳井正却偏偏背道而驰，他将别人认为不可能或是无法办到的事情做成了。

产品的质量问题，追根究底还是出在生产厂家的身上。因此，柳井正加大了对产品质量的把控，将残次品占的比率降低到0.3%，而业界的平均次品率是2%~3%。那么，这将意味着什么呢？

这将意味着，T恤的表面就算只有一根0.5毫米的线头，也算是次品。如果次品率超过了0.3%该怎么办呢？此时柳井正就会丝毫不留情面地将所有产品退回，原厂经过重新检查后，才能再次被送进优衣库。而这个过程中所产生的费用，全部由厂家承担。这一承担，往往就是上亿日元的损失。在这种情况下，为了减少自身的损失，厂家就必须严格把控质量。

按理说，在如此苛刻的合作条件下，那些生产厂家应该都被优衣库吓跑了。但结果却并非如此，优衣库没有吓跑这些厂家，却把与这些厂家合作的其他日本企业"赶跑"了。原因就在于柳井正公正、为人诚实的作风。柳井正从来不会在产品订购完毕后，又频繁地改变产量和商品的图样，也从来不会在付款之前多次要求降价，更不会将本不该返厂的商品返厂。因此，在与优衣库的合作当中，厂商能够在一开始就掌握一笔订单的营业额和利润。因为柳井正的为人，绝不会做出出尔反尔、毫无信用的事情。这是厂商们愿意和优衣库合作的最根本原因，也是其他服装零售商永远也学不到的精髓。

柳井正不但做到了把控产品质量，还做到了让顾客们"后顾无忧"，就是完善售后服务，为此，他对店内所有的员工提出了以下三点硬性要求：

一、顾客自购买商品之日起三个月内，可以享受无条件退换货的服务；

二、要防止正在打广告的商品脱销，一旦出现缺货现象，营业员就应该联系厂家马上送货，并且保证在第一时间内使其出现在货架上；

三、要让顾客在卖场中随时保持愉快的购物心情，保持卖场环境的清洁、舒适。

这三条要求一经提出，顾客退换货的比率果真大大提高了。很多员工都不认为这是一件好事，光退换货就平白地增加了许多工作量。但对优衣库而言，好处却不只一点。这样做不仅仅提升了优衣库的品牌形象，还能够让柳井正更加清楚顾客的需求到底是什么。从长远来看，这必定是有利的。但优衣库的服装大多是在中国内地生产的，联系退换货本身就是一件相当麻烦的事情。不论哪方面出现差错，最后的收益必定都是负的。柳井正却坚持要这么做，哪怕是暂时需要投进去一些资金，也要做好这笔"赔本买卖"。

并且柳井正还号召每一个员工都要虚心听取意见并且积极主动地做出改变和调整，使得公司一步步走出发展窘境。

幸好，让人焦头烂额的窘境中，总会出现一丝惊喜激发人们无限的斗志。因为柳井正在电视上发出的征集优衣库存在缺点的这个举措，让优衣库的名声一下子在关东地区打响了，越来越多的消费者开始关注优衣库了。

失败乃成功之母

公司在广岛成功上市后，柳井正就有了要进军国际市场的野心。只是那时候的柳井正认为，作为休闲服装的销售商，自己必须掌握足够的时尚潮流资讯，才能够在和国际对手竞争的过程中保持优势。为此，他决定在纽约成立一家设计分公司，其主要任务是以纽约这个大都市为平台搜集第一手的潮流资讯，从而帮助日本总部进行服装款式的设计。

最初的预想模式是，按照从纽约传过来的设计思路去设计服装款式，然后再把设定好的款式交给中国的生产厂家进行生产，然后再返回日本国内进行销售。这样一个看似完美的连环节，最终却出现了很大的纰漏。

经过近一年的努力，第一批按照这个模式生产出来的服装终于于1995年在日本面世了。出乎所有人的意料，这些服装完全都是单调、灰暗的色彩，和日本国民期盼的色彩缤纷的优衣库服装完全相反。这根本就得不到日本国民的认同，这批服装几乎全军覆没了。

柳井正猛然间发现，问题的根本还是出在地域的差异上。纽约是集合了各种时尚潮流的都市，但这里流行的各种设计款式对于比较保守的日本国民来说，很显然是无法接受的。两个地区的生活方式和地域文化不同，所以必定会产生这样尴尬的结局。因此，他打算用世界顶尖的设计理念来为日本国民服务的梦想，最终以失败告终。

这次失败，也证明了彼此交流和协作的重要性。柳井正是个绝不会因为一次失败而停滞不前的人，于是他又在东京涉谷区、大阪和山口成立了商品事务所，这样一来，包括纽约在内，优衣库已经在四个地区都设有事务所了。柳井正原本想要通过这四个地方的信息流通，掌握最适合日本本土的潮流信息。这个想法很不错，但是在实施的时候却困难重重，经常会存在信息沟通不畅的状况，并且因为每个事务所的意见不同，成员之间还经常会发生不必要的纠纷，导致柳井正根本无法从中得到一个统一的答案。

最终，柳井正不得不关掉了纽约的事务所，然后将公司的企划研发部门搬到了东京。虽然和纽约比起来，东京并没有太大的优势，可正因为它是日本本土时尚潮流的集结地，单单这一点就比远在地球另一端的纽约要强得多。从国内到国外，又从国外转回国外，如此折腾一遭，没看到什么利润，本钱倒是赔进去不少。

所幸的是，从这次失败中，柳井正发现作为一个经营时尚品牌的公司，必须要建立一个能够快速做出反应的沟通制度和信息反馈机制，想要实现这个机制，优衣库就必须对公司的组织体系、流程以及会议制度进行全面改革。为此，柳井正将公司的决策大权交到了门店以及下属的手中，以后会议上再也不是柳井正一个发言了。

　　这就是所谓的在挫折中成长吧，事实上，优衣库就是在这样不断的尝试和不断的失败中发展起来的。此前，柳井正还遭遇了另一次失败。那是在东京涩谷区成立商品事务所的前一个月，柳井正看中了一家叫作VM的公司。这是一家以儿童服装为主打的研发销售公司，柳井正觉得这应该是一个很好的发展方向，所以一次性地买进了该公司85%的股票，成为其最大的股东。

　　其实真正吸引柳井正的，是在VM公司背后的VJ公司。VJ公司生产的服装在整个行业中都有着高质量的美称，VM便是从VJ公司中脱离出来的一家童装公司，但彼此之间仍存在着千丝万缕的联系。柳井正的想法是，如果能够通过VM联系到VJ，这笔买卖可以说是赚大发了。

　　柳井正只看到了表面，令他没有想到的是，VM和VJ两家公司之间因为商标使用权的问题纠缠不清，最后VM还被老东家VJ告上了法庭。最后的宣判结果是，如果VM想要继续经营的话，就必须放弃现有的商标，并且还要赔偿VJ公司的损失费。

　　而此时VM已经属于柳井正名下的公司了，也就是说最终赔款的事宜将由柳井正来承担。更让柳井正气愤的是，VM已经出现了财政赤字，偌大的亏空加上赔款，让柳井正觉得自己有些承担不起了，于是原本打算用来挣钱的店铺，现在却不得不全部关掉，只将一些优秀的设计人员留了下来，成为优衣库后来进军童装业务的主力。经过这次冒失的尝试，柳井正选择了两条最为稳妥的发展道路：一是直接生产和销售自有品牌，避免产生不必要的纠纷；二是代理销售国际知名品牌的服装，自己只是从中抽取一定的利润提成。

但失败似乎约好了一样，频频光顾优衣库。在经营中，柳井正发现优衣库中的多数服装与运动装相似，但是却没有运动装卖得好。这个发现就像是哥伦布当初发现了新大陆一样，柳井正将此看成是一片未被开发的广大市场。于是他立刻着手开了一家以"运动潮"命名的同样隶属于迅销公司的专门卖运动服装的店铺，希望人们能够像看待休闲服装一样去看待运动服装，而不再是简单地把其当成是体育运动员才穿的衣服。

想象力有时候也附带着连锁效应，通过运动服专卖店的开张，柳井正还想到，优衣库经营的服装多以中性为主打概念，如果增加女装店和童装店，那么不就再一次扩大了经营吗？为此，他又专门开了一家新店铺，取名为"家居潮"，专门贩卖女性和儿童穿的家居装。

然而，问题在此时开始逐渐显现。

"家居潮"店中的销量一直表现不佳，最后不得不关门了事。而"运动潮"和优衣库之间存在着很多交叉经营的地方，一旦某款运动衣出现脱销的现象，总是需要到优衣库的仓库去提货。这样一来，只会造成两边都不讨好的现状。更何况，站在顾客的角度考虑，本来应该是实现一站式购物的，现在却要分别跑两家不同的店铺，不少消费者也因此怨声载道。

柳井正马上意识到，自己又犯了一个极大的错误。这完全是因为自己的极度自大而忽视了经商的根本，经商不是按兴趣做事，更不是想做什么就做什么这么简单。等他明白这一点时，运动店已经开了17家，家居店也有18家了，但最后都不得不一一关掉。这些店铺存活的时间都没有超过一年，这不得不说是一次彻彻底底的失败。

接二连三的失败，让优衣库陷入了自发展以来的第一个低谷，所有店铺都呈现出了负增长的趋势，导致柳井正不得不连续三年下调"预期业绩额"。这次教训让柳井正铭心刻骨。

然而，生意还是要继续做。柳井正很快从失败的阴影中走了出来，他告诫自己，一旦失败了，就要立即转移战斗方向。撤退得越迅速，损失也就越少。能够从失败中站起来的人，就一定能够重新积攒起新的力量。只有经历了数次失败，才可能换来一次的胜利。但如果没有之前若干次的失败，胜利是不会露出笑脸的。一胜九败，柳井正确信这就是自己的经营哲学。

从ABC开始改革

优衣库陷入低迷期，究其原因，在于连锁店的"通病"上：一是连锁店的管理制度，二是顾客进入了厌倦期。

优衣库采取的是总部主导制，这种制度的效率很高，但是也存在着种种弊端，当过分追求总部主导时，弊端就会日益明显，并开始阻碍公司发展的脚步。起初优衣库是打出了一片新天地，店员们标准化的服务和态度，也的确给消费者们带来了不一样的新鲜感，但是当优衣库的分店开到了上百家后，消费者们就对此习以为常了。最初的新鲜和好奇已经不能够成为吸引顾客的源泉了。再加上各个分店无差别地大量销售那些海外采购来的商品，已经让消费者产生了厌倦的心理。

想要走出这一停滞期，优衣库就必须进行一次彻底的改革。

这时，刚刚进入公司不久的泽田贵司交给了柳井正一份报告，在报告中，泽田贵司毫不避讳地指出了优衣库的问题所在："公司极力推进SPA经营模式，但是这一伟大的设想目标并没有渗透到公司的第一线。其中，公司的销售额明明还没有达到800亿日元，但是在中国的生产厂家就已经多达140家。这样公司又怎么能对商品进行品质管理呢？事实上，这140家工厂，基本上处于无人控制的状态。"

泽田贵司的这份报告并非空穴来风，这是他经过第一线工作后，所总结出来的理想与现实的差距。柳井正拿到这份报告后，陷入了沉思中，不久，一个计划在柳井正的脑海中渐渐成形。柳井正意识到这一次改革不仅要改变公司的运营模式，还要改变每个员工的工作态度。如果不改革，如此循环下去，公司就会永远停滞不前。

首先，柳井正进行了一次高层大换血，因为企业的决策保守、厌恶变化、想要维持现状的情绪，几乎全部扎根在拥有决定权的高层脑中。所以，柳井正狠心地换掉了在优衣库起步阶段有着重大贡献的老员工，换上了一批新鲜的"血液"，这其中，就有今后在优衣库有着卓越表现的泽田贵司和玉塚元一。

接着，在1998年6月，柳井正启动了他酝酿已久的ABC改革计划，这一次的目标是"所有（ALL）、更好（BETTER）、改变（CHANGE）"。

具体实施起来，ABC改革包括以下几点：

1. 提高生产集中度，对中国的加工厂家进行清理，将原来的140家加工厂缩减至40家，然后加大每个厂家的生产量，以此来提升产品的质量；

2. 去除委托生产的商社等中介商，由公司直接负责生产、企划及销售；

3. 缩减每个季节的商品品种，将原本的400个品种的商品计划缩减至200种以内；

4. 公司发展的起点设置在接待顾客的门店中；

5. 及时反馈数据，包括门店的销售数据以及中国生产工厂的生产情况。

从具体的改革措施中，不难看出柳井正此次改革的核心理念——"生产的商品如何卖出去不是考虑的焦点，真正值得关注的焦点是如何快速确定畅销的产品，并针对畅销产品进行生产。"在100%以畅销产品为考虑的前提下，将畅销产品的企划、生产、销售等环节集中在公司下统一管理，将各个环节贯彻始终。这种"选择与集中"的理念能够将公司的实力迅速凝结起来。

可见，ABC改革要求的不是技术上的创新，而是精益求精，只留下更好的，才能集中最优势的资本到最优的地方去。当生产厂家缩减到只剩原来的1/3时，意味着以前在一个厂家只有数千件的订单一下子上升到了10万件，甚至是20万件。这样一来，不但可以进一步降低生产成本，还能够让工厂与优衣库之间的合作彼此之间更多一些真诚。虽然优衣库与工厂之间并没有雇用关系，但实际上每年这么大一笔订单，已经让这些工厂成了优衣库的"御用工厂"。

柳井正还希望通过这次的改革，能够让优衣库的工作人员向专业的管理团队过渡，因为一个人的力量永远都比不过一个团队，只有集体的智慧，才能够突破个人能力的极限。为此，柳井正给予了店长决定权，同时也让员工有建议权。只有集思广益，才是一个店铺的终极出路。

在整个ABC改革中，最容易让人迷惑的一点是，各个店铺的情形不同，又怎么能够保持得住一致的方向性呢？柳井正的解决之道很简单，消费者是上帝，因此必须要发动所有的店员都参与到店铺的决策中来，要从上帝身上找出路，而不是从同事的身上。这在很大程度上增加了店铺自我经营的灵活性，虽存在着较大的风险性，但却锻炼了经营者的胆识和魄力。想要筛选人才，这无疑是个好方法。

ABC改革，终归强调的是CHANGE（改变）。也就是说，每个店铺都可以根据自己的实际情况做出临场应变，公司提出的策略只是具有指导性的方案，并不是最终的销售方法。每个店铺从最初的设计装潢到产品分类，都应该是由店长和店员们决定的，甚至连工作时间都可以自己做主。柳井正想要的结果只有一个，卖出商品，然后赚回利润。

尤其是对于公司总部来说，店长和店员的意见，几乎可以当作是顾客的意见来听的。只有站在销售第一线的工作人员，才最懂得顾客到底需要什么。迎合顾客的需求，是最好的销售方式，这使得原先的被动销售变成了主动销售，不得不说是个令人感到意外的惊喜。这也是柳井正决定将公司的起点设置在有顾客光顾的门店的原因。

对于任何一家企业而言，改革都意味着企业将迎来一场重大的震荡，但是这次改革却没有遇到太大的阻碍。在现如今的优衣库，每个员工心中都有一杆秤，他们知道，任何改革都是为了公司能有一个更好的明天，何况从改革的过程中员工们看到了以往对自己不利的地方正在朝着好的方向发展，哪里还有不支持的道理呢？

工作的真谛在于付出

其实，员工们对柳井正的支持，更多的是因为柳井正即便在公司发展困难的时期，也没有将这些苦难转嫁到员工身上。

在和丰田公司高层管理者的一次聚会上，柳井正表示："虽然我们现在面临着经济困难，但给员工的奖励却不能因此减少。日元贬值，但员工的工作能力并没有贬值。"仅仅因为这句话，丰田的管理者对柳井正就已经肃然起敬了。公司业绩的下滑，是受多方面因素的影响，如果把这一点归结到员工不努力工作上，未免显得过于主观且武断了。

所以柳井正不会做这样的事情，但是怎样能在公司发展停滞不前的情况下，保证员工得到合理的收入呢？

柳井正决定将优衣库的人事考评改为每三个月进行一次，以考评的业绩来决定员工在下个季度应该拿的薪酬和奖金额度。考评是个很复杂的过程，每个员工都要把自己过去三个月时间里的成绩汇聚到报表上，然后由专门的负责人前去进行调查核实，最后决定该员工薪酬的增长额度。

然后将每次考评完的结果，以展览表的形式张贴出来，展览表上有五个不同的等级，每个等级的员工拿到的薪酬水平各不相同。每个员工拿多少工资也都注明在上面，员工可以根据自己所处的等级去财务处领取相应的工资。

这不像很多大公司对员工的工资实行严格保密的做法，柳井正认为，这种开放性的做法，能够真正激起员工间彼此的竞争心，才是力争上游的根源。同时，每个员工还可以从表上看到自己的缺点和不足。

这样区分工资和奖金水平的标准虽然只有通过考核评定的等级，但等级考评却有着很大的弹性，并不是单纯根据上一季度的销售业绩来进行排名。在考虑过相关的数据后，还要对每个人的工作潜能做一番预测和评定。如本身就在一级别的员工在评定中又能够拿到A，那就证明他是上进的，他就可以拿到双倍的工资。

因而，员工只要尽最大可能发挥出了自己的实力，就一定能得到正确的评价。这是柳井正理想中的优衣库薪酬制度。但这也总免不了有许多人会认为自己受到了不公正的待遇。只要员工提出申诉，就会有相关人员重新进行考评。对每一个员工认真负责，才能让每个员工对顾客认真负责。

因为人事考评是个相当复杂的过程。所以每次进行时，都需要召开四五次以上的大型会议。柳井正每次都提醒考评人员务必要做到公平公正。

对于同一个员工，评审可能会因为眼光和角度的不同而产生不一样的意见。为了避免这种情况发生，柳井正亲自担任起协调工作。对专业人员的考评要请专业人员来做，绝对不能出现让搞策划的人来评定销售部表现的情况，如此牛头不对马嘴的事情只会让人贻笑大方。

同时，这件事情也和被评价人与评价人在考评时的沟通程度有关，一个过于内向而不善于表达自己的人，他的考评分数通常不会太高。不是考评人员有偏见，而是被评价人根本就没有把自己的优点和长处表现出来，又怎么能给考评者提供考评的依据呢？柳井正更喜欢外向的人来公司工作的原因是，只有这样做才能保证上下级之间的沟通不存在任何问题，这也是成功的前提。

在整个考评的过程中，柳井正给每个被评价人30分钟的时间来进行自我阐述。被评价人可以尽情地自由发挥，他可以讲述自己的工作业绩，也可以谈对公司发展的规划，甚至利用这段时间来提意见都是完全没有问题的。其实在柳井正看来，考评只是一种手段，他更期望这样的形式能够变成上下级之间的交流座谈会。

考评所要坚持的原则之一就是严谨。为了避免出现过于极端的结果，每个考评结果都要及时反馈到被评价人的手里面，只有等他签字并确定没有问题后，考评的结果才会真正生效，否则就需要进行重新评定。

考评的意义在于激励员工的进取心，且以看得见的薪酬来使之获得满足感。这样的考评制度得到了公司上下所有人的认同，虽然在评价的过程中偶有意见相左的时候，但争执总是能够很快得到解决，柳井正认为这对优衣库来说是好现象。

优衣库一年之内会发三次奖金，最后一次是年终分红，这是要和当年的销售业绩相挂钩的。柳井正保证的是，即便公司的总体业绩有可能下滑，但奖金的额度并不会因为经济危机等原因而减少。业绩下滑，不代表员工的工作能力下降了。这完全是两个不同的概念。因为这一点，使得优衣库留下了众多人才。

在团队中，努力做事和不努力做事的人差别很大。柳井正在想，倘若用集体主义的观点去进行人事评价，这绝对是对优秀者的一种羞辱。只有这种因人而异、完全以个人能力所进行的人事评价，才是最公正的。无论公司发展如何，只要员工全心全意为公司付出了，那么就应该得到相应的回报。

打造优衣库王朝

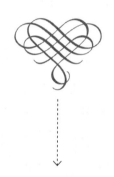

来吧，年轻人

只有人是不可代替的竞争力

广告战略

原宿店的奇迹

他山之石，可以攻玉

经商之道

来吧，年轻人

当迅销公司把未来的发展目标定位于跨国公司时，柳井正完全明白这不是自己一个人就可以承担得起来的工作。尤其是在信息化社会中，柳井正知道公司需要更多的年轻人加入进来。越多人才汇聚到一处，就越能从中找到适合自己所用的人。零售业的革新是必要的，日本传统的经营模式已经受到了来自于网络的全新挑战。所以优衣库果断地对刚毕业的学生们敞开了大门。

当时柳井正第一时间想到的就是曾经在店里做过兼职的植木。其实植木大学毕业后，柳井正就曾经邀请过他到优衣库工作，但植木选择了到一家在东京证券交易市场已经成功上市的公司就职。现在优衣库也在东京证券交易所上市了，柳井正再一次向植木抛出了橄榄枝。这一次，植木没有拒绝。但是前来应聘的刚毕业的大学生却少之又少。

日本当时的状况是，尽管每一年都有大量学生毕业，但就业意愿统计数据却显示，少有人愿意把自己投入到零售行业中。普通人总是认为，零售业是完全不需要高学历就能胜任的职位，很多刚毕业的大学生对这一行业完全产生不了心动的感觉。柳井正极不赞成这样的观点，难道大学生在刚毕业的时候就不能够从事经营管理的工作吗？敢于这样反问，柳井正自然有着与众不同的看法。

在传统零售业中，营业员很难有机会升职到管理层，从而也就难以对具有高学历的人才产生足够的吸引力。柳井正早就想到了这一点。虽然公司的销售方式依旧保留了些许传统特色，但对于人才的历练才是根本。柳井正做出的承诺是，当你已经厌倦了营业员的岗位时，只要你做好了准备并且已经具备了作为一名管理者的胆识和魄力，那么优衣库将为你提供最好的平台。

这个承诺一发出，立刻吸引了年轻的大学生们。于是很多年轻人都将目光投向了优衣库。对于有能力的人而言，在短时间内脱颖而出并不是什么难事，而柳井正也谨遵着当初的承诺，对于有能力的人，不会让他们长久地待在基层。而那些暂时无法成为管理者的人也会发现，相比其他零售行业，优衣库的营业员更需要对顾客进行专业的判断和分析，而不仅仅只是简单的贩卖，这也是一项极富挑战性的工作。

没有年轻人不喜欢挑战，挑战只能激起他们更多的斗志。那些原本并不看好年轻人的老员工，此时开始意识到，自己必须要向年轻人学习了，否则迟早会被时代发展的潮流远远地抛在后面。柳井正这个原本并不被看好的召集人才的策略，反而取得了意想不到的成功。事实上，柳井正招聘人才的策略并不止这一点。

人才的匮乏，从公司在广岛证券交易所成功上市之后就显露了出来。因此从那个时候柳井正就走上了求贤若渴的道路。只是与别人不同的是，柳井正没有把眼光汇聚在从一些知名公司跳槽过来的人身上，而是更倾向于从别的行业转行过来的人才。因为他认为同一个行业的人，身上必然沾染着原有公司的气息，优衣库要做的事情是完全打破现有的销售体系，给员工灌入新的思维模式。

这样的理论遭到了不少人的诟病，但是柳井正依旧坚持自己的想法，他认为培训一张白纸远比修改一张涂满色彩的画纸要容易得多。因为他们对业务员不熟练的话必定会问许多为什么，这份求学的心态是最难得的。只有如此，才能打破原有的规矩，才有可能继续去谈创新的问题。在一个行业待久了，人们自然会产生惰性，柳井正不想看到有人在自己的公司里偷懒，这是自己最不能容忍的事情之一。

在招聘的过程中，柳井正就曾遇到过很多这样的人。这些人片面地认为，经理应该是坐在办公室里喝茶看报纸的角色，殊不知，优衣库和其他的服装卖场是不同的，想要稳坐优衣库店面经理的位置，只懂得如何去管人是远远不够的。

所以，所有现任的优衣库董事和执行董事，没有一个是通过广告招聘来的。他们中有一部分人是通过已经在优衣库工作多年的朋友介绍进来的，这并不是说柳井正更看重交情，而是凡是被介绍进来的人大多已经提前知晓了优衣库的经营理念。如果他们的经营理念和优衣库的经营理念相悖，那就不会来这里工作了。还有一部分，是从创业初期就进入优衣库的员工，他们有着与优衣库相同的成长节拍，也更加了解优衣库正在前进的步伐。

当然，好人才需要机缘到来才能邂逅。玉塚元一就是个例子。玉塚元一是和正在拜访IBM公司的柳井正偶然相遇的。当时，玉塚在IBM负责供应处的管理工作，因为柳井正的个人魅力和对优衣库前景的看好，他选择了加盟优衣库。其实有很多人都是柳井正在拜访其他公司的时候，顺便这样"挖墙脚"带过来的。这些人皆是因为和柳井正在经营理念上保持着高度的一致性，才能最终联手来共创优衣库的美好明天。

不管是刚毕业的大学生，还是已经有了丰富工作经验的人，在招聘这条路上，柳井正似乎和别人走的是完全不同的两条路，但也正是因为他这样与众不同的"敛才"方式，才能让优衣库人才辈出。只是，在聚集人才的同时，柳井正也同样遭遇着人才流失的苦恼。

只有人是不可代替的竞争力

从优衣库进入关东地区以来，优衣库就一直保持着不温不火的状态，为了改变这个现状，柳井正决定在原宿地区再开一家新店。原宿位于东京市的中心位置，这是个绝佳的地理位置，虽不能和东京地区相提并论，但此地集结了各种潮流和时尚，可以称之为关东地区的时尚之都。因此如果优衣库能够掌控原宿的潮流，也就等于掌控了整个关东地区的潮流，那样所有开在关东地区的店铺都会跟着火爆起来。再加上当时日本泡沫经济崩溃，许多店铺纷纷迁出商业中心地带，店铺租金开始下滑，这是个开店的好时机。

柳井正绝不会让这么好的机会在自己手底下溜走，但是就在公司上下都忙着原宿店开张时，一直担任着公司专务董事的菅，此刻提出了辞职。菅在公司属于老员工了，曾经负责接待过安本隆晴，在公司上市时也出力不少，可以说是柳井正的左膀右臂。但是由于长年的劳累，导致身体状况十分不好，面对工作时已有些力不从心了。再加上，因为职责的原因，他时常架在追求更高目标的柳井正和部下之间，每天都要替柳井正做很多沟通工作，可谓是费力又不讨好，所以便渐渐衍生出了离开的念想。

对于菅要离开的消息，柳井正感到非常难过，公司正是用人的时候，菅离开的话自己就会少一个十分得力的助手。可是柳井正又不得不答应菅的请求，因为他明白，自己作为一个发号施令的人，是很容易做的，但是对于菅这样需要从中进行调节的人，这份工作的难度可想而知，稍有不慎，就会落得上下都不讨好的境地。

菅离开后，柳井正就开始思考怎样才能留住人才。员工的去留，其实反映的就是待遇的问题。而待遇不仅仅是指员工可以拿到多少薪水，工作环境、工作氛围，还有是否能够看到升迁的希望，这些都在员工的考虑范围之内。

关于薪水，柳井正很公正，能劳者多得。但是这一原则却不适合即将离开公司或者是已经退休的老员工。为了让这些人能够安享晚年，柳井正以低于市价的价格把公司的部分股票卖给那些到了退休年龄的老员工，柳井正相信自己有能力把优衣库做成梦想中的模样，到了那个时候，这些股票一定会增值，这些股票持有人的退休生活才可以过得更加富足。这样一来是为了感谢他们长年来对优衣库的付出；二来能够让其他人看到优衣库的诚意，只要肯为企业付出，那么企业就绝对不会亏待任何一个人。

当时日本的大多数企业都推行"论资排辈"的晋升原则，对此柳井正却不苟同，他一直很欣赏中国《孙子兵法》中的一句名言："故善战者，求之于势，不责于人，故能择人而任势。"因此他认为，一个企业想要保持持久的竞争力，就必须推行"实力主义"，也就是真正有能力的人才能够得到晋升的机会。所以在优衣库中因为吃苦敬业而从一个普通员工被破格提拔成店长、销售部门负责人的情况比比皆是，这对于用心工作的员工是一种极大的激励。

与所有的大公司一样，迅销公司内部每周都要开上几次大大小小的会议。柳井正平时给人的印象比较严肃，所以只要有他参加的会议，大家都不愿意多发言。每当这个时候，柳井正都会站起来说："好吧，如果你们没有什么意见可以发表，那么下次就不要来参加会议了。"

柳井正最不能接受的是明明有话却吞吞吐吐的人。开会不应该只是一种形式，大家在一起的目的是要讨论并解决问题，而不是凑在一起商量中午吃什么。会议室只是借给大家一个相对安静的地方各抒己见，没有必要把这个看得如此严肃。但是员工们却不这样想，他们只知道当一脸严肃的社长坐在他们面前时，他们只会感到恐慌和不舒服。

为了改变传统会议模式的尴尬状况，同时也为了给员工提供一个畅所欲言的工作氛围，柳井正干脆连会议室都去掉了，只要脑海中产生新的想法，他可以在任何地方组建成全新的会议讨论区。他需要的是及时解决问题，而不是把问题严重化、拖延化。这种随机应变且随遇而安的态度，大大影响了公司里的每一个员工，在开会的时候人们拿着笔记本凑在一起随便唠叨两句就能找到一个不错的解决方案。

柳井正告诉中层管理者，会议的精神是主要的，会议的条款反倒应该是次要的。公司总部做出决定后，属下的每一个店铺都不应该完全照搬条款，从而忽略了最本质的东西。柳井正积极倡导的是自由和改变，如果过度地把时间浪费在表面和形式上，大家早就没有了畅所欲言的念想，又怎么让员工产生和公司的命运休戚与共的感觉呢？

在柳井正看来，一家公司的竞争力，说到底考验的还是公司里工作的每一个员工，如果公司中的每一个员工都愿意付出自己最大的努力去工作，那么将会形成一股无可代替的竞争力，这是任何公司都无法超越的地方。柳井正相信，只要自己一步一步地向着目标迈进，就能给员工带来信心和勇气，就能团结起所有力量。

广告战略

任何一家新店开张，都离不开广告造势。所以，广告公司几乎是与优衣库业务往来最为密切的公司之一了。为了让原宿店在一开张就达到人尽皆知的效果，柳井正想到了之前和美国维登·肯尼迪广告公司策划人约翰·杰伊的会面。两人在交谈的过程中，柳井正已经深深体会到了美国和日本两个国家广告形式的不同。此时他想，不妨请这个"外来的和尚"来为优衣库"念念经"，或许可以取得意想不到的成效。

约翰·杰伊曾经为耐克公司做过一系列成功的广告，正是因为那些极具视觉冲击力的广告表现，才把柳井正的心给勾了起来。当时，柳井正正愁当下所有的新广告全都陷在日本模式中找不到突破口，于是在找到约翰·杰伊后，柳井正开门见山地提出了自己的想法。他想要的广告一定要能够成功地吸引受众，并且还要有良好的口碑。

更难得的是，约翰·杰伊曾经就职于百货公司，他对零售商的经营模式也有着独到的看法。面对柳井正的盛情邀请，约翰·杰伊说："当下日本的广告模式，全都忽略掉了观众的直观感受，只是一味在自卖自夸，这根本就没有什么意义。甚至还有许多广告采取了相当夸张的表现手法，结果却失去了最基本的信息传递功能。如果一条广告连自己想要告诉给观众什么样的信息都没有说清楚，这就是一条失败的广告。"

柳井正第一次听到专业的广告人如此毒辣的分析，心中不禁有些澎湃，同时也想到了优衣库曾经经历的一次失败的广告经历。懂得运用广告去做宣传，是从广岛店开始。在关东店开业时，柳井正已经对广告运用得炉火纯青了。他要在第一时间给受众们带来视觉上的冲击波，只有抢先占领视觉领域，才有可能攻占消费者的内心。

然而，这也让柳井正体会了一把欲速则不达的道理。为了让消费者切实感受到在优衣库购物时畅想的自由度，他选择了一则具有很大争议性的广告。那则广告的情节是：一名老妇人站在印有优衣库标志的服装面前，喃喃地说："这就是我梦寐以求的那件衣服，我马上就要换上它。"话音刚落，老妇人对着镜头就把自己身上的衣服脱了，直接换上优衣库的衣服。

柳井正认为这则广告简直就是杰作，它简单明了地点明了顾客对优衣库服装的喜爱。可是在把样片拿到公司内部审核时，却遭遇了正反两方面相差极大的评价。支持者和柳井正本人的想法相差无几，但人数却不多。大多数人的观点是，这样的广告是绝对不能拿出去播放的。

会议僵持了很久，可是各位董事之间仍旧没有针对这则广告达成统一意见。这是柳井正印象中最深刻的一次固执己见，最后他以社长的权威性坚持了这则广告。于是，在黄金档节目的广告时间插播了这则广告。

很快，来自各方面的恶评就涌到了优衣库的客服部。更有女权维护组织站出来表示，这则广告是对妇女权益的侵害。

不得已，这则广告只播放了两个月就草草下线了。尽管优衣库还有一则备用广告，但碍于此时民众因为之前的这则广告而对优衣库产生的各种抵触情绪，所以备用的广告也一直没有播放。

尽管如此，依旧有很多人因为这则具有争议性的广告了解到了优衣库。可这样恶劣的广告，是没有办法给优衣库带来销售额的增长的。柳井正真切体会到，做广告不应该只考虑推广自身，而是更应该把消费者考虑进来，只有人民群众喜闻乐见的艺术形式才是真正好的东西。

而现在，约翰·杰伊的话直指日本广告业的弊端，他说自己做的广告绝不是仅仅站在商家的角度去考虑问题，更应该把顾客的感受考虑进去。柳井正一听，心中窃喜，因为这也正是自己从失败的广告经历中所总结出来的经验。能够遇到一个和自己经营理念完全相同的人，便是极大的缘分。他甚至已经开始有点崇拜约翰·杰伊这个狠角色了。

约翰·杰伊再次强调，不论什么商品、什么广告，能在第一时间抓住消费者的眼球，就是成功的，就有机会让对方产生购买的冲动。价格和质量不是通过广告体现出来的，这些应该产生在消费者的购物体验中，而不是电视屏幕上播放的广告中。

好的广告代理商不会在一条广告中把商品的所有特色都表现出来，他需要做的仅仅是抓住其中的一个特点，尽最大可能完美地对其进行展示。若是面面俱到，其实就等于面面都是平庸的，这和其他的广告又有什么区别呢？脱离了这一点，花重金做的广告也只能是无用功。

约翰·杰伊对广告的论断，让柳井正彻底改变了自己这些年来对销售和推广的概念。好商品只摆在柜台中是永远都卖不出去的，还需要拿出来吆喝两声，才能避免"酒香也怕巷子深"的尴尬。广告的作用就是要让消费者明白自己的需求是什么，其次才是商家的卖点在哪里。

这是约翰·杰伊在和柳井正的谈话中透露出来的核心问题。

现在他们要面临的是如何开启原宿店开业的广告新模式。尽管两人都不知道会获得什么样的成功，但有一点可以肯定，那就是这次的合作一定是具有革命性的。

原宿店的奇迹

1998年11月，优衣库位于原宿的新店开张了。原宿店的卖场一共有三层，其中有整整一层是用来销售摇粒绒服装的。摇粒绒服饰是新店的主打产品，也是本次开店的亮点。

摇粒绒面料的服装轻且保暖，并且具有速干性，但在当时并不大众化。原因在于摇粒绒服饰是专门用于登山、滑雪爱好者的专业御寒服装，所以其价格十分昂贵。在优衣库之前，也有许多卖场销售摇粒绒服饰，但其价格也一直是居高不下，根本就不是一般市民所能消费得起的。但是消费者能否接受这款产品，柳井正将希望都寄托在了约翰·杰伊身上。

柳井正和维登广告公司签订了合作协议后，他们之间经过了一段时间的磨合，先是在优衣库的经营理念上达成了一致，然后从商品的规划阶段入手，通过几次激烈的意见交锋，没过多久，约翰·杰伊就把策划初稿拿给了柳井正。

约翰·杰伊的广告模式带有浓重的美国烙印，他写的广告语是："你能猜出这件商品的价格吗？"表现方式是：在纽约的街头，推销员手拿着一件摇粒绒上衣，问过往的行人："这件衣服你认为值多少钱啊？"有的人说"值40美元"，有的人说"值50美元"。当推销员告诉大家这件上衣只需要1900日元（按照当时的汇率，相当于15美元左右）时，很多人当即表示："立刻就想买。"然后在后面附上广告语："优衣库的摇粒绒，1900日元。"

不得不说，约翰·杰伊把优衣库商品的诉求点完美地表现了出来。和日本传统的广告相比，约翰·杰伊的广告方式使受众和广告之间产生了互动，这更加大了受众的好奇心。同时也令柳井正兴奋不已，这正是他想要的广告模式，他期待着这则广告播出后能够达到一炮而响的效果，因为原宿店既背负着一扫关东耻辱的重任，同时又担当着扭转优衣库不盈利现状的担子，可以说成败就在此一举了。

开业当天，柳井正和副社长泽田贵司忐忑地站在店门口，他们心想着：能卖掉就好了。但结果却让他们始料未及，为了能够抢购到如此廉价的摇粒绒外套，人们早早就在店门口排起了长龙，当地电视台和杂志等媒体也纷纷前来报道这一盛况。

有太多人想知道原宿店成功的原因是什么，媒体也抓住柳井正不放。柳井正不假思索地公开秘密：很简单，价格和质量。正是因为摇粒绒以极低的价格出现在公众的视野内，才成功吸引了人们的注意力。其次，在价格足够低的前提下，还要保证质量足够好。这才能为优衣库保住客源，而不是只做一锤子买卖。

原宿店的开张盛况，让越来越多的消费者认为优衣库的衣服便宜，而且足够好。关东地区的人们因为摇粒绒而对优衣库的态度产生了大转变。虽然优衣库的经营模式和经营理念并没有变，但在消费者的心目中，这已经是两个毫不相干的极端了。

原宿店的成功，和价格、广告以及时间几方面的原因都是分不开的。价格是绝对的优势，约翰·杰伊帮助优衣库做的广告是主打，而原宿店开业正好赶在冬天到来的时候，优衣库满足了人们对于保暖服装的需求。

大众媒体和时尚杂志对此争相进行报道，纷纷说"郊外的优衣库开始反攻市中心"了。的确，在此之前的优衣库店都是开在郊外的，而原宿店让优衣库实现了回到市中心的愿望。自此，柳井正便逐渐转变了选址的策略，开始从郊外公路边独立式的店铺，转为市中心或是交通枢纽的专卖店大楼，或是郊外购物中心内的大楼内了。

事实证明了一切。仅仅在这一年秋季，摇粒绒的销量就突破了200万件。摇粒绒在一夜之间变成了优衣库最畅销的商品。原宿店的奇迹扭转了优衣库在关东地区一直亏本的现状，这似乎是柳井正早已预料到的结局，或者说在柳井正的心中，他一直对重振关东市场有着必胜的决心。就如他自己反复强调的一样："失败固然是一道伤口，但也藏着下一步成功的希望。"

他山之石，可以攻玉

1999年2月，迅销公司在东京交易所主板上市。当柳井正将这个好消息告诉给柳井等后，已经病入膏肓的柳井等在五天后，怀着对儿子的美好希望走向了天堂。自己到底有没有成为父亲的骄傲，柳井正不得而知，但是父亲说过的每一句话他却都不曾忘记，尤其是那句"要争第一名，无论做什么都要争第一名"，柳井正知道现在的自己距离第一还有一段距离，他不仅仅要做日本的第一，还要做世界的第一。

当时，美国有限公司借着贩卖牛仔裤的契机使销售额在短时间内突破了100万亿日元，而英国一家零售业更是在短短八年的时间里把销售额从20亿日元狂飙到了2000亿日元。每当看到这两组数字时，柳井正心中就会百感交集。为什么国外的同行业可以做得这么好？他不相信自己做不到，他不但要让自己的公司赶上这些零售公司，还要建立起一个优衣库的王国，一个可以与英美等地区的时尚休闲业相媲美的国际大公司，一个可以真正代表日本本土潮流和顶尖零售业的跨国集团。

原宿店开业当天的盛况，让摇粒绒一下子成了优衣库的招牌。不久，优衣库的摇粒绒在美国也开始热卖。尤其是在得知摇粒绒只卖1900日元——仅仅相当于15、16美元——人们马上就决定要把这件商品买下来，而且根本就没有任何的迟疑。

基于对约翰·杰伊的信任，柳井正更让约翰·杰伊参与到了商品的策划活动中来，以期让他对优衣库产生更多的直观印象，从而在广告中能够更好地表达出优衣库的形象。约翰·杰伊非常卖力，他开始了和优衣库并肩作战的日子。

借用约翰·杰伊的广告模式，在1999年8月的一份全国性报纸上出现了一篇文章——《优衣库的摇粒绒何以只卖1900日元》。这看似是一则探讨行业内幕的专业文章，实则是约翰·杰伊想出来的广告软文。这篇文章不仅剖析了优衣库摇粒绒服饰"贱卖"的原因，还深入涉及了许多优衣库经营本质的东西。

优衣库的好名声，一下子铺天盖地地席卷而来。

柳井正在维登广告公司的建议下，综合运用电视、杂志以及车体广告等多种媒介的联合效应展开了新一轮的宣传攻势。主打产品依旧是摇粒绒，但如何与上一年度的硬性推销区分开呢？约翰·杰伊想到了一个绝妙的主意，用感性去打动消费者，从形式上完全和去年的广告宣传区分开来。

这一次的广告，主角全都换成了音乐家、演员、学者，以及在生活品质上有着独特追求的人群。广告的主要镜头着重表现他们的居家生活，主角在不经意间淡淡地念出早已经准备好的广告词，其对优衣库完全信赖的感觉就马上呈现了出来。以往的广告都以宣传产品为主，但是在这一系列广告中，却将穿衣服的人作为了"主角"，这不是一种本末倒置的方式，而是柳井正多年总结出来的经验：个性与时尚不在于服装，而在于穿衣服的人本身，如果服装本身过度强调"个性"，反而会让穿衣人难得穿着得体。所以在这一系列的广告中，柳井正向人们传达了这样一个概念：不论任何时候、任何地方、任何人在任何场合都能穿的衣服。

这一系列的广告引起了非常大的反响。人们十分认同这些人在广告中表现出来的家居品质，似乎只要穿上了优衣库的服装，就能过上和他们一模一样的生活。

约翰·杰伊完全打破了之前的广告模式。在这一系列广告中，没有商品的名字，没有价格，甚至连优衣库的名字都很少提到。很多坚持传统广告模式的人对此提出了极大的反对意见，他们说，这样的广告怎么会引起消费者的购买冲动呢？

事实证明，约翰·杰伊的广告新主张是完全正确的。当一则电视广告把自身的诉求点完整表达出来后，留给观众更多的思考空间，才能抓住观众的真心。广告一经播出，引起了空前的反响。人们甚至开始口碑相传这则广告，专业杂志也给予了极高的评价，甚至其还为同行业者树立起了新标杆。

柳井正后来干脆把广告的所有事务都交给了约翰·杰伊、艺术总监田中则之以及文案策划佐藤澄子全权负责。新的广告和之前的广告一脉相承，广告中的模特依旧选用的是具有鲜明生活个性的人群。其中最具有代表性的一条广告是音乐家山崎正义出演的一则短片：

画面中的山崎正义手抱吉他，身上穿着优衣库的摇粒绒，一面随性地弹着吉他一面说："我是音乐家，今年27岁。"这就是全部的广告词了。一直到广告的最后，才在屏幕上打出一句广告语："优衣库销售的摇粒绒有15种颜色，只售1900日元。"

这则广告不但延续了纯感性诉求的模式，更成为极具有山崎正义个人风格的表演秀，一时间让他的粉丝们着迷不已。因为山崎正义的正面形象，广告播出后优衣库摇粒绒的销量出现了大幅度增长。

原本计划1999年销售600万件摇粒绒，结果却出乎意料地卖出去了800万件。基于摇粒绒的热卖，优衣库一下子从零售商的角色转变成为日本新型企业。这样的转变，完全超出了柳井正的预料。而这一切，与约翰·杰伊的新广告有着密切的关系。

遗憾的是，约翰·杰伊和优衣库的合作关系因为某种原因并没有维持得太久。约翰·杰伊离开后，柳井正一直都没有找到合适的广告代理商，因为没有找到他心中的合适人选：既要站在消费者的角度上，又同时为商业做打算的广告策划人。最后柳井正又迫不得已地把广告经营权收了回来，交到迅销公司艺术总监田中则之先生的手中。对于约翰·杰伊，只能成为柳井正心中一段不可思议的缘分了。

经商之道

摇粒绒的热销和原宿店的开张让优衣库再次进入了一个巅峰时期，业绩突飞猛进，股票也一路上扬，公司的发展形势一片大好。公司越做越大，每天需要处理的事务也越来越多，也就意味着人员越来越多。尤其是每个人都有着自己的性格特征，想要把不同性格的人协调起来做同一件事情，绝对不是一件容易的事。大锅饭，最难做，可是柳井正坐在这个位置上，就不得不考虑如何才能做好这一顿饭。

柳井正经常给员工们传达这样一个信念——你究竟想要一家什么样的公司，你究竟想要和什么样的同事在一起做事。很多员工被问到这一问题时，不禁在第一时间会有些懵。他们不相信世间还存在着这样的公司，能够让员工根据自己的喜好去决定公司的未来和同事的去留。

柳井正让每个新老员工都有一个强烈的意识，公司是个大家庭，大家都是亲人。只有把公司当成了家，每个人才能在这里感受到足够的幸福度，这才是一份最好的职业规划。柳井正把自己称为是这个家的家长，但他只有选择权，却没有决定权。公司是大家的，决定权在员工的手里面。

当柳井正形成这一整套经营理念的时候，他才只有30岁。当时的他刚刚接手了父亲的西装店，面对还在苟延残喘的店铺，柳井正的心中只有迷茫。也正是这段迷茫期促进了他的思考，他开始考虑究竟如何才能成为一名优秀的企业家，以及什么样的公司才算得上优秀。这些尚不成熟的想法被他一一记录下来，随着优衣库的发展，当初的念头一点点地被完善，直到现在，"这里是家"的经营概念才被最终确定下来。

商海是特别能够磨炼人的。面对优衣库走过的间歇性成功和失败，柳井正的许多经商理念也在不断调整中得到确认、推翻、再确认，最后形成自己的经商之道，这其中饱含着他一路走来的艰辛，他希望这些宝贵的经验能够被传承下去。

第一，经商的根本就是在迎合客户的需求，这是毋庸置疑的事情。做商业不是做艺术，不用坚持自我的风格。如果没有了顾客，也就没有了衣食父母。卖不掉衣服，那就证明你是失败的，最终必定会被淘汰出局。

第二，优秀的想法一定要坚持下去。迎合顾客的需求，不代表就一定要做市场的顺从者。坚持自己想法的人，是最有骨气的，这是从宏观上来考虑问题。如果把这句话放到细枝末节中，一定会产生许多矛盾。因而，商家需要在坚持自我和满足顾客需求之间寻得一个平衡点。优衣库是因为坚持自我而成功的，当然这要以迎合顾客需求为前提。但如果过度迎合顾客，就会失去自身经营的方向，在抓不到顾客的需求点时，陷入不知所措的境地中。

同时，坚守自己想法的另一个方面还意味着要担负起属于自己的社会责任。口碑对企业至关重要，是你的责任你就必须扛起来，这也是做企业不能够忽视的公关策略，更是做人的根本。

第三，永远都不要被科技抛弃。公司的发展和电脑科技的发展密不可分。不管是业务上，还是在管理模式上，都要坚持学习互联网模式。公司需要的不是中央集权的管理方式，它应该是没有中心，或者说任何一个触点都是中心，只要每个员工互相连接起来，就能够随时随地实现资源共享。

很早以前，柳井正就曾说过，他希望公司逐渐发展成一个离开了他依旧能够正常运转的公司。现在，这些经营理念已经如血液一般注入到了公司每一个人的身上，柳井正便产生了隐退的想法，并且他还为自己找好了接班人，这个人就是泽田贵司。

说到泽田贵司，他恐怕是整个迅销公司内升职最快的一个人了，从他1997年进入迅销公司，他几乎每两个月就会得到一次提升，这样连续提升了三回，最后一次提升间隔了六个月，他坐上了副社长的位置。这速度简直像坐了火箭一样，不过也能够从中看出柳井正十分器重泽田贵司。

所以当柳井正产生了隐退之心后，他第一个想到的接班人就是泽田贵司。当他对泽田贵司说"泽田，你来做社长吧"时，泽田贵司几乎是下意识地就答应了。但是很快，泽田贵司就后悔了。

当时柳井正只有50岁，无论是身体还是精神，都还处于年富力强的阶段，所以柳井正提出隐退的言论一经提出，全公司上下反对的声音此起彼伏。大家认为柳井正现在还能够继续管理公司，而泽田贵司从事服装零售行业才两年，经验明显不足。此时，柳井正也意识到了自己贸然做出隐退的决定有些欠妥，这不仅引起了全公司的动荡，还让泽田贵司陷入了一个尴尬的境地。

柳井正第一次隐退的想法就这样被搁浅了。既然不能解甲归田，就只能继续"在其位，谋其政"了，柳井正开始考虑，如何将优衣库打造成日本服装零售业的第一品牌。但在这之前，他还有很多事要做，那就是改革，一场从经营模式到人员管理的改革。

主宰优衣库

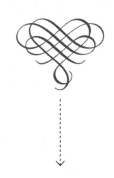

输出"匠计划"

在与约翰·杰伊合作时，约翰·杰伊曾对柳井正说："做广告就应该把商品的本质展现给消费者。"这句话让柳井正不禁扪心自问了一下，商品的本质究竟是什么呢？其实，他心里早就有了答案，那就是能够让消费者喜欢的产品。消费者喜欢什么样的产品呢？无疑是低价高质。

优衣库在低价的路子上已经做出了很大的努力，能够把价格保持在如此低的水平且还能从中盈利，已经算是个奇迹了。但没有质量的低价，永远都是在自掘坟墓。为此，柳井正思来想去，决定启动"匠计划"。这个"匠计划"其实在推行ABC改革的时候，就已经在柳井正的脑海中形成了。

当时优衣库已经将在中国的生产厂商缩减至了40家，虽然一定程度上减少了技术人员的奔波，但是依旧没有改变技术人员不得不天天都做"空中飞人"往返于两个国家间的状态。为了最大限度地减少生产成本，同时也为了能够把日本的高新技术全面应用到邻国的生产过程中，1999年4月，柳井正在上海设立了生产管理事务所，同年9月在广州也设立了生产事务管理所，他已经下了要长期驻扎中国的决心。

但当时优衣库的目标受众基本上还是以日本国内为主，尽管是委托中国的厂家进行生产，最终也是为了要销往日本国内的，这就需要一些懂得日本人穿衣之道的设计师对中国的生产厂家进行技术指导。

日本本身也是一个纺织大国，只不过在进入21世纪后，日本的棉纺织业已经出现了衰退的迹象，由此造成了一大批技术娴熟的老师傅们提前退休回家。这些人的年纪并不算是很大，他们也满心期望着能够为社会再贡献一点自己的力量。柳井正看到了这个点后，遂想到了"匠计划"。

所谓"匠计划"，就是把这些已经退休的工匠重新召集起来，派他们到中国去进行技术指导。这样一来，一方面解决了中国生产厂家技术不足的问题，另一方面也最大限度地发挥了这些老师傅的剩余价值。同时，优衣库技术人才缺乏的现状也可以得到有效缓解。

这一号召得到了老工匠们的积极响应。他们不求到底能够拿到多少回报，只要能让他们重新上岗，就是一份认可。当这一计划得到贯彻实施的时候，中国的厂家生产出来的产品也就有了极大的质量保证。不久，优衣库服装的销量开始呈现攀升的趋势。

此后，许多日本国内的知名企业开始纷纷效仿优衣库的"匠计划"，这在很大程度上带动了日本国内技术输出的比例。甚至很多国际知名企业也因其质量保证而开始向优衣库自有的生产厂家下服装订单，这让柳井正感到有些自豪。

当时整个中国地区的负责人是林诚。林诚是一名中国留学生，毕业后一个偶然的机会看到了优衣库的招聘广告，那则招聘广告让林诚眼前一亮，经过面试后，林诚于1994年进入优衣库工作，成了优衣库的第一位中国员工。不远万里到日本留学，最后却选择了一家名不见经传的小公司工作，这让林诚身边的每一个人都感到不解，但是林诚却被优衣库当时那种特立独行的作风所吸引。在林诚眼中，优衣库与日本其他企业那种保守的态度十分不同，正是这一点深深吸引着林诚，让林诚想要进去一探究竟。

事实证明林诚的选择是正确的，在优衣库只要你有能力，就能够得到晋升，所以林诚很快就从最初的营业员一直做到了公司的董事。在柳井正眼中，林诚是一个工作努力并且十分有能力的人，他不但能够用汉语把优衣库的理念完整地传递给中国人，还懂得缝制、染色等各种技术问题，可以说是一个全才。所以在"匠计划"中，林诚成了被派往中国的负责人的不二人选。

林诚驻扎中国后，为两国之间的交流做出了极大的贡献，不但使得优衣库能够从中国拿到最好的货源，还让中国的工人学习到了很多日本在纺织方面的先进技术，更加重要的是，为日后打开中国市场铺平了道路。这也是"匠计划"的一部分。

鉴于此，在世纪之交时，柳井正将在中国本土开设连锁店的方案纳入了公司的发展战略计划中，并将优衣库在中国发展零售连锁的规划任务交给了林诚去做。

从一个小小的店员到整个优衣库中国地区的负责人，林诚可以被称为优秀的励志代表。其实在整个优衣库，像林诚这样的人有很多，他们都是"千里马"，而柳井正就是"伯乐"，为他们提供展示能力的舞台。这一点正是柳井正在管理上的高明之处，身在日本，他却抛弃了日本那种论资排辈的保守管理方式，放弃了那些执行能力强却丝毫没有创作能力的人，而是用像林诚一样的，具有鲜明的自我创造能力的人，而这样的管理方式，还不仅仅于此。

店长是王道

经营管理是一门学问。把这门学问做好了，就可以以更少的力量来做更多的事情。所以当优衣库进入到连锁经营的时代后，柳井正特别注重对店长的培训。公司总部只负责对店长的管理，店长则要负责对该店铺每一个员工的管理。因而，从另一个层面来说，店长也算得上是一个小老板。

身为老板，就必须把经营管理和店铺销售两个不同的概念区分开来。

之前人手不够的时候，柳井正自己要负责店铺里的各个细枝末节。即便做起了老板，他也没有改掉这样的习性，这往往使他觉得被繁重的事务拖得疲累至极。尤其是还要考虑如何才能开好新店铺，不论是脑力还是体力，柳井正都已感到严重透支。

在公司壮大的过程中，柳井正切实告诫每一位店长，一定要清楚自己的职责所在，否则累垮了自己不说，还看不到什么成效。

一家公司发展得好坏，要看公司的管理体系怎样，而不只是看员工的勤奋度。最初开展连锁经营的时候，柳井正完全没有体系经营的概念。一直到优衣库的分部已经遍布全日本，公司内部依旧在推行旧的"中央集权制"：从全国各个店铺汇聚起来的大量信息涌到公司总部，总部通过研究得出结论后再分别传递给各个店面。乍看之下，这样做好像没有什么大问题，可对于优衣库来说，这几乎是致命的。优衣库经营的是快速休闲服装业，决定成败的关键因素是速度。同样的商品，只要比别人先上市，就能获得更大的收益。但当下的这种管理模式只会造成信息被无限制地拖延，等总部做出决定后，店铺中面临的实际情况早就发生了很大变化。并且，在信息传递的漫长过程中，一旦出现一丁点儿差错，都可能会造成不可挽回的损失。

如果没有创新或改革，优衣库就可能会把自己吊死在这条绳上。优衣库的一个店铺曾发生过一件令柳井正极为气愤的事情，这令他痛下了改革的决心。在一个风雨交加的晚上，一位母亲来店里只是想要借用电话打给生病的儿子。可当时的规定是，除了公司内部人士，任何人不得用电话来办理私人业务。店长恪守陈规，最终没有把电话借给这位母亲用。

柳井正知道这件事情后，感觉自己像是被狠狠扇了一巴掌，十分气愤，但是他却并没有责怪该店长不近人情，因为店长是按规矩办事，并没有做错的地方，真正错的是自己，是优衣库现行的管理制度。

规章制度本是为了促进店员更有效率地办公的，现在却成了限制店员行为的准则。柳井正一把撕下墙上张贴的规章，他不想因为这样的制度失去最优秀的员工，更不想因为这样的制度而失去顾客的忠诚。

优衣库有一个传统，公司每年都会把全国各地的店长召集到公司总部召开"店长大会"。于是在1999年的店长大会上，柳井正宣布要推行"超级店长"制度的决议。

什么叫超级店长？这项决议的核心内容是，店长在经营店铺时，只需遵从总部提出的大方向，剩下的事情店长自己可以全权处理。这彻底改变了之前由上而下的决策方式，店铺和总部之间完全变成了平等协作的关系。尤其是在销售方面，店长更是把主动权握在自己手中。

超级店长制度一颁布，柳井正对在场的所有店长说，从此后总部将会变成你们的后援基地，真正上前线打仗的事情就全权交给你们去做了。

超级店长制度颁布的半年前，优衣库已经进行了一次大范围的制度变更。全国所有的店铺被划分为十四个区，每个区都设立了专门小组进行负责，此举的目的就是为了改变店铺经营信息上交公司总部的过程中遇到各种难题。超级店长制度颁布后，柳井正又从所有店长选出了第一批超级店长团队，由他们来负责14个区的销售经营活动，并且还要根据各自负责区域不同的特点来和生产商协调下一季度产品的预定情况。

在以店长为王道的优衣库中，营业收入和奖金完全挂钩，经营状况最好的店长，奖金可以拿到1000万日元。在重奖的诱惑下，每个店长都希望自己的店铺能够变得更好，谁都想成为当年度的超级店长，一股无形的竞争风在优衣库内部刮了起来。

柳井正给了所有店长们最大的自由度。他说，只要是遵照公司的基本经营原则，只要是能够实现销售量的提升，店长完全可以按照自己的想法和念头来经营店铺。这在很大程度上满足了人们想要当老板的愿望，并且在优衣库当店长还不用背负赔本的风险。这样的好事情，何乐而不为呢？超级店长制度，是ABC改革中最重要的一场戏。本着ABC改革的精神，每个优衣库店长都在考虑如何才能更好地卖出自己的商品，而不是如何才能管理好员工上下班不迟到早退的条条框框。

在这种情况下，一个店面的经营状况如何，已经不是店长一个人就能够决定得了的事情了。虽然是店长负责制，但经营店铺并不是店长说了算。每一个员工都和店面有着直接关系，店长是首脑，他的作用是把所有人都协调起来，简单高效地完成计划。

想要成长为一名店长，最起码需要在营业员的位置上做满3年。不是优衣库唯资历是从，而是只有经过了长时间的磨炼，才能真正了解到顾客的需求。炼就一双火眼金睛可不是朝夕之间就能够做到的事情，老君炉里的三味真火烧上七七四十九天的滋味也绝对不是好受的。

优衣库为所有人都提供了一个开放的平台。只要你有梦想，只要能够为了梦想而付出努力，哪怕是刚刚毕业的学生，优衣库也会打开大门欢迎。重要的是，最后能不能够成为指点江山的那个人，起关键作用的不是领导，而是员工自己。

优衣库倡导的理念是，"用自己的能力给店铺增加附加值"，超级店长是在用脑子工作，而普通店长是在用身体工作。劳心者治人，劳力者治于人，这是亘古不变的真理。

其实，在优衣库，普通店长能够拿到的薪金在行业内已经算是的偏高水平了。尤其是在柳井正打破了传统经营模式后，每年选出来的超级店长拿到的薪酬完全可以和辛辛苦苦熬到高层的管理者相媲美。因为店长拥有的不仅仅是知识，更有难得的实战经验。"培养知识工作者"，柳井正默默地重复了一遍自己从德鲁克的书上学到的内容。

同时，柳井正也没有忽略掉另一个严重的问题。在给了店长实权后，会不会因此而形成小团队，仗着天高皇帝远而去开辟自己的"小王国"？为此，柳井正专门设立了检察员的职位，主要任务是检查和核对店长当年度的工作，并在其犯错误的时候及时进行纠正。

检查员在评价店长工作的同时，其实也受到了店长们的监督，以督查他是不是能够胜任培养和发现优秀店长这一任务。

这样三权分立的方式，在很大程度上避免了因个人失误而带来的极坏影响。然而，柳井正从心底里更希望能够靠店长的自我责任心来避免问题的产生。

每一个店长身上还附有另外一个职务，就是培养代理店长，以备店长不在的时候可以全权负责店面的管理事务。这也算是以先进带后进的典型方式。

评价一个店长业绩如何，销售数字是最具有直观性的，但却并不是唯一的证据。有时候，即便利润没有上升，也不见得是因为店长的能力不行或者做得不够好。店长的主要职责是调动起员工的工作情绪，让每一个人都以最优的状态投入到工作中去。单纯以业绩来说明问题，未免太过于武断。

但卖不出东西的店长一定不是好店长，这一点是毋庸置疑的。

除了业绩外，可以作为评价参考的标准还有店内的卫生、商品的摆设、员工对待顾客的态度等等，凡是涉及到店面经营的方方面面，都可以被写进评价标准中。因而，想要在优衣库当好一个店长并不容易，想要做到超级店长的职位更不是简单的事情。

所以，当超级店长在拿到远远高于高层管理者的年终奖金的时候，没有人会产生质疑，毕竟，他们是靠着一点一滴的努力换来的，物有所值！

柳井正在他的著作《一天放下成功》的最后介绍了他最喜欢的一句话：

商店因顾客而存在，与员工共繁荣，随店主之灭亡而灭亡。

他用这句话一边鼓励各位店长，一边也鞭策自己，绝不允许因为自己的失误使员工所做的努力付之东流。

终极目标

竞争是好事，能够在很大程度上激发起员工的斗志。但是盲目的竞争又会形成相反的效应，影响公司的发展。对此，柳井正开始思考，怎样能够让竞争合理地存在却又不阻碍公司的发展呢？答案就是目标。个人有了目标，就会将自己视为最大的竞争对手；集体有了目标，那么就好比一艘在大海中航行的船舶，找到了前进的方向一般，所有人的力量都会使向一处。

按照传统的经营模式来划分，店长再往上是检察员，然后才能进入公司的管理阶层。但超级店长制度的推行，意味着店长才是整个公司中最核心的人物。这些长期在销售第一线作战的人们，他们手中掌握着店铺的生死。所以柳井正认为公司必须实现逆转管理，才能把店长放在最值得尊重的地位上。即让所有的员工认为，从店长做到区域经理，然后进入总部，直至成为董事这样一条晋升之路，并不是精英应走的道路，做到店长才是极致，甚至店长比总部的人更加伟大。可以说，在优衣库，店长才是最高的职位，才是对店面和消费者两者之间的关系无所不知的狠角色。

然而，这种新鲜的观念在当时的日本并不被接受。店长手中的权力只能够管理一个店铺，人们会觉得这缺乏足够的荣耀感。在东方人传统的价值观中，人们只有坐到了具有一定高度的位置上，并且有能力完全按照自己的想法去支配别人的时候，才算是获得了众人眼中的成功。店长总是会被人们误认为是做小买卖的，尤其是在推行连锁经营的公司中，店长更是被看作是一颗棋子而已。

优衣库要做的不是众人眼中的想当然。在优衣库，店长更像是一部电影的导演，他只是从总部拿到足够的资金和后备资源，这些资源究竟应该怎么样去分配才能创造出最大的价值，这些事情完全要靠店长来决定。一味只知道遵守上级命令的人，在优衣库永远都成不了主角。

柳井正一直都在思考优衣库未来的发展方向，只有明确了方向的人才敢于带领着自己的队伍大步向前进。现实无时无刻不在发生着变化，优衣库也必须不断地改变自己，才能够适应当下的境况。只有懂得变革的人，才更加懂得生存。

在推行了超级店长制度后，柳井正把自己的角色调整为决策者，而不是执行者。每个人都有自己的终极目标，柳井正也不例外。以店长为首的基层组织的目标很明确，就是多卖出商品。那么高层管理者的终极目标又在哪里？

在优衣库发展的过程中，会不断有新鲜血液注入进来。为了保证团队的最优化和利益最大化，人们必须摒弃自己的不良习性，只有把自己真正融入整个团队中，才能利用这个平台充分发挥自己的才智。

想法很好，但柳井正发现了优衣库存在的一个窘况，即总部里的每一个人都认为自己是足够优秀的，谁也不肯听从其他人的管理。大家都把自己限制在各自的工作范围之内，团队合作变成了空喊出来的口号。

所以，柳井正要做的工作是，让公司里的每一个人都能在他认为足够重要的岗位上工作，并且这个位置同样还离不开他人的帮助。柳井正早就提倡过而且也正在执行互联网模式的经营管理，这就需要每个人在做好本职工作的同时，既不能对他人的工作造成干涉和影响，又能随时对他人的需求提供帮助。强化合作意识，最重要的是让公司中的每个人都把团队的利益放在首位，只有这样，所有的工作内容才能够得到逐步完善。

柳井正把之前专门对店长提出的个体经营策略转嫁到了公司内部员工的工作上。做好自己的工作是本分，帮助别人做好工作是义务。就像店长一样，虽然每个店长都是个体经营自负盈亏，但如果彼此两个店之间有了竞争，最后吃亏的只能是优衣库。不同店面的店长之间应该考虑如何才能达到双赢，而不是以损害别人的利益来满足自己的需求。

尤其是在店长和公司高层管理者进行沟通的时候，这一点表现得更加明显。只要大家都站在公司利益的角度去考虑问题，任何问题都将变得更加容易解决。这个过程需要管理者放下自身的架子，店长放下自以为是的经验，最后的结果或许有可能会在一时间内造成不利影响，但必须相信团队的力量是强大的，团队有了既得利益后，每个个人也才能有更好的收获。

把这一原则用在总部，柳井正是希望总部的员工更加理解团队协作的意义，以保证店铺和总部之间的工作能够同步进行。

尤其是在培养年轻人这件事情上，面对心高气傲的后生，柳井正不想过多地训斥他们，这样只会造成更大的抵触情绪。派他们到基层去体验真正的销售生活，才能够从根本上改变这些人身上的学究气；只有在店面的销售活动中，才能够让他们把学到的知识和实践结合起来。

当下的日本，人们根本不敢让年轻人来做管理工作。柳井正对这一点倒是很看得开，不论是玉塚元一还是林诚，当他们担任起足够分量的职位时，其实也才30多岁，人生中这样的黄金阶段不做出点事业，真的太可惜了。

柳井正期望优衣库内部每一个员工都应该有个终极目标。不论梦想有多大，只要你敢想，就有实现的可能。关键的问题是，你究竟能够把自己的梦做多大？

不想当将军的士兵不是好士兵，不想成为超级店长的员工也必定不是好员工。柳井正期望优衣库的员工能够怀着梦想和野心去工作，不要老老实实地在一个职位上一做就是几十年，这样枯燥乏味的生活不是优衣库提倡的。优衣库的理念是改变，不仅仅指店铺经营，还指在店铺中工作的每一个员工。

有梦想是一件好事情，但你还必须有把梦想变成现实的能力，光靠兴趣活着，是永远都吃不饱饭的。柳井正劝诫员工们不要每天都在做规划好的一成不变的事情，只有当你在某个职位上做到无人可及的位置时，才能够迎来出头之日。兴趣只是维持生计的工具，想要发展，就必须把自己的兴趣变成海纳百川的气度。

而关于团队合作，柳井正对员工们的忠告是：一个人无法完成所有的任务，即便他是天才。每个人都应该借助于集体的力量去帮助自己实现梦想。当每个人的梦想都实现的时候，也正是集体的梦想变成现实的最好时机。

这是一加一大于二的最好结局。

双赢模式

就在柳井正大刀阔斧地在优衣库进行各种改革时，美国出现了一起会计造假案，公司的不正当管理被媒体曝了出来。这在日本也掀起了一场不大不小的复古风潮，人们纷纷认为不可以再盲目地效仿美国的经营模式了，只有按照日本传统的家族经营模式才可以更稳妥地发展。而优衣库的经营模式，很大程度上都是在模仿美国GAP公司，难道要全部推翻，一切重来吗？

其实，这仅仅是美国成百上千家企业中的一个小小污点，就让日本经营者大肆诋毁资本经营，这种以偏概全的言论，让柳井正有些哭笑不得。他不但不会摒弃现有的经营模式，而且还会继续以这样的模式进行下去，因为柳井正深信，他能够将这种模式发展得更好。

在柳井正的心中，他一直在寻找一种双赢的模式，一种能够让顾客和企业之间双方都得利的模式。尽管这听起来似乎有点天方夜谭。

股东经营公司的目的就是为了多多盈利，只有把商品的价格抬高了，这一目标才能变成现实。但盲目地赚钱等于是在自取灭亡。股东只是公司股票的持有者，他们做出的任何一个决定，都有可能会影响到产生实际购买行为的消费者身上。因而对于经营者来说，如何平衡好股东和消费者之间的利益关系，是一个值得深思的问题。

然而，在世界的范围内，有没有完美的经营模式存在呢？如果非要说日本的经营模式更稳妥的话，那为什么知名的国际企业依旧是以美国公司居多呢？

既然任何经营模式都有漏洞，那么公司应该做的是团结所有员工来减少漏洞产生的危害，而不是彻底否定某一种经营模式。用头脑去经营，而不是用体制去经营，如此才能算得上是一家好公司。

柳井正认为，日本国内公司的经营模式中普遍存在着一个致命的缺陷，那就是赏罚不够分明。在日本，如果出现了如同美国的会计造假案，其最常见的结果无非就是公司被兼并或者破产，和公司的负责人毫不相干。最后亏损的只能是给公司投钱的股东们。而且，倘若不在日本的公司中植入赏罚分明的概念，认真经营公司的人就会越来越少，并最终把日本企业的经营拖进更深的低谷中。

柳井正曾经调查过优衣库股票持有人的状况，他发现，本应该是男性持有者占多数的证券行业，优衣库的股票持有者却是女性占据着大比例。这种状况一反日本证券行业的常态。在和优衣库有着业务往来的企业家中，女性的数量也占到了一定的比例。虽然优衣库的股票还远远没有普及到家庭妇女的身上，但这对当时的日本经济界来说已经是个奇迹了。

由此可以看出，在股东和平民百姓之间，优衣库已经很好地寻求到了一个平衡点。在双赢模式的两端，女性股票支持者往往更能代表普通大众的愿望。

虽然股票交易是一件很便利的事情，但柳井正却从没有觉得普通大众能够从中获取足额的利润。大众购买股票后，了解股市行情多是通过媒介的诱导信息，很少有人能够对股市分析得特别深入透彻。如果遇到牛市，他们多多少少会从中捞一笔；但如果遇到熊市，他们就会赔得倾家荡产。这根本不是靠一个人的力量就能够改变的现状。

每家企业都会提供看起来十分公正的企业咨询，以备投资者前来评判和分析这家公司的股票到底值不值得购买，及预测其升值空间到底有多少。优衣库也不例外。每次召开会议时，优衣库的高层经营者都会出席，尽最大可能为投资者或者想要购买优衣库股票的人讲明企业当下的经营现状，这些会议内容也都会在公司的网站上公示出来。柳井正认为，公司有义务提示人们保持理性心理进行购买。毕竟，股市有风险，投资须谨慎。

柳井正还提醒普通持股者，大众买股票多会有情绪上的波动，通常会买涨不买跌，这是最要不得的事情。买卖股票不是投机倒把，如果不懂得股票交易，最后失败的可能性就非常大。

投资集团背后有专业的股票分析师在帮助他们做决策，因而长线经营的风险性会大大降低。但对于短期持有者来说，其根本不需要去判断这家公司三五年之后的经营状况。但也许明天就有一场金融风暴会席卷全球，这是谁也没有办法预料的事情，普通大众又怎么会从股票交易中赚到钱呢？

只根据一时的状况买进卖出，才会在频繁的股票交易中失去大量现金。这是致命的缺陷，也是很多人对股票存在的认知偏差。

因而，柳井正要做到的是，在保证股东利益的同时，还要保证每一个购买了优衣库股票的人都不会在一夜之间变得一贫如洗。而那些短期持有者，很可能就是经常到优衣库选购服装的消费者。

这样的双赢梦想，不只需要柳井正一个人去承担。在这份梦想的背后，隐藏的是日本整个国民体系的努力，同时也是所有人都希望看到的一个美好未来。

死板的人先死

日本很多的大公司从外表上看一切都井然有序，但其实每个员工都只是在做样子给老板看而已。在这些表面的浮华下，隐藏的是早已经日薄西山的气息。这样的公司，还有没有再继续维持下去的必要呢？况且，一旦出现这种情况时，公司就会像是滑上了刹不住车的下坡路，除了一路狂奔外，别无其他选择。

柳井正觉得这是一种十分可笑的行为。如果真的要把优衣库做成那样的话，他也就没有必要费尽心思地让迅销公司上市，然后也不必做那么多次的改革了。

至此，ABC改革已经整整持续了两年时间，鉴于新时代不同的形势，柳井正对ABC的具体内容又做了一些微调。从这次改革中，柳井正总结出了一些成功的经验：

1. 销售方式一定要革新。无论什么情况，一定要及早做决定，业务的焦点要和生产有机结合起来。

2. 市场营销必须要和招商情况相适应，两者之间需要有良好的互动，要让员工身上所有的能量在如何使商品更为畅销这一概念上彻底释放出来。

3. 贯彻SKU管理，也就是要用颜色和型号来区别商品，不论是企划还是销售，都需要用严格的标准来要求自己，只有这样才能免做无用功。

可以说，在柳井正带领下的优衣库，从来就没有停下过改革的脚步，优衣库的组织结构一直在不断地发生着变化。但柳井正认为，这种变化还远远不够。

组织形式的变更不是目的，变更后能够有更好的发展才是目标。

若是问起优衣库中的任何一个员工，这种变革什么时候才会停止，他们大多都只是笑着摇摇头。不是不知道答案，而是这个问题根本就没有答案。如果优衣库的员工过分地守旧且安于现状，柳井正会在第一时间撤换新人。他不想看到优衣库人产生惰性，尽管这无法避免，但总可以让这种情况降到最低。

柳井正曾经在1990年的时候画过一张公司的组织结构图，图上明确地标出了当时优衣库内部的组织结构和主要负责人。但现在再去看那张图，就会发现图上早已经被改得面目全非了。当初公司里的部门因为撤销、兼并、重组等原因，十多年的时间中这张图表被修改了若干次，每一次改变都体现着优衣库进行的每一场变革。

柳井正重复最多的一句话就是，如果再不变革，就跟不上时代的步伐了。

当然，柳井正也有对度的把控，变革的步伐也不能跟得太紧，如果只是一味地追赶潮流，就未免有些过于形式化了，那样做很容易忽略掉经商的根本。这是公司失败的前兆。

随着时间的推移，越来越证明柳井正的这一观念是正确的。优衣库组织形式的不断变更是必要的，也正是因为这份不死之心促使着优衣库能够一步步地走到今天。尤其是经营时尚休闲业，一天不发生改变，一天不追赶潮流，很有可能就会被消费者抛弃，这才是真正可怕的事情。

在优衣库内部存在着一种特殊情况——公开招聘。这也是柳井正的首创。优衣库人员的调动分两种，一种是公司安排，另一种是自我申请。当某一职位出现空缺时，公司会通过公开招聘的形式在内部竞选人才。凡是有意愿的员工都可以提交申请书，公司会通过邮件通知申请人在既定的日子公开竞聘，最大限度地做到公正公开。同时还有最重要的一点就是平等性，申请人可以是公司里的任何人，没有职位高下，只有能力大小。

正是因为柳井正能够不断反省，在反省中不断调整，优衣库才能在商业竞争中一直处在主动地位，甚至在多次改革失败后，依旧能够重新站起来。柳井正再一次强调，不被时代落下，才能有引领时代潮流的可能性。

"领头羊"意味着身先士卒

柳井正多次强调，优衣库是一家看重实力的公司，在优衣库，有着赏罚分明的体系。正是因为在优衣库能够充分体现出个人价值，才使得每一个员工都有着源源不竭的上进动力。

促进一个人能够不断向上奋斗的动力何在呢？柳井正认为不是金钱，也不是更好的职位，而是能够得到他人的正确评价。正是因为在优衣库受到了领导和同事的公正待遇，员工们才会愿意把自己的一生都奉献给这样的企业。

这样的话说出来，好像总是带有自卖自夸的味道。但优衣库是从来不会雇用没有自我理念的人的。

关于是否能够得到他人更公正的评价，实则是"公说公有理，婆说婆有理"的事情。但即使是再会包装自己的人，也永远掩饰不了自己内在的空虚。尤其是在长久相处的过程中，一旦碰到无法胜任的工作后，他也就很容易把自己的缺陷暴露出来。

实践是检验真理的唯一标准，这句话一点儿都没有错。

优衣库内部的汇报形式也相当简洁，柳井正厌烦一切只注重外在包装的东西。很多人都喜欢在报表上玩花样，甚至还会因此形成浮夸风，这是万万不能够助长的危险苗头。柳井正决定彻底抛弃那些流于表面的形式化的内容，他不想让那些只擅长汇报而没有真才实学的人在优衣库吃白食。

还原真实的色彩，才是柳井正一直期望看到的。

柳井正把自己看作是优衣库的"领头羊"，他要求下去的事情，自己必定会首先做到。但"领头羊"也会面临难题。如果属下的员工能力超越了自己，此时应该怎么办？

柳井正认为这样的问题无须思考。有才能的人，一定会得到重用。同时，每个员工也都应该清楚一点，你在某一点上做得比上司优秀，并不代表你在所有方面都能够做到很好。即便你很有才华，但想要超越上司的水准也绝不是一蹴而就的事情。

其实柳井正希望给员工们灌输的概念是，在工作中，并没有谁轻谁重，优衣库所有员工都是平等的。不论是创始人、部长、策划师、店长还是普通员工，每个人都可能是优衣库内部的"领头羊"。

"领头羊"不是靠职位来决定的，而是依靠其在同事群体中的领导能力。领导能力强的人，必定需要更多的执行者来完成他的想法。尤其是在处理事情时，"领头羊"还必须要担当起总指挥的任务。只有能把身边的同事变成执行者的人，才能够算得上是合格的"领头羊"。

没有必要叫屈，每一个"领头羊"曾经都是执行者，现在的执行者有可能就是明天的"领头羊"。

这是需要尽心尽力去熬的过程。一旦成为领导者，也得注意戒骄戒躁。若是不懂得区分环境而过分骄傲自满，就容易在遭遇逆境的时候雪上加霜。故步自封不但自己进步不了，甚至还会阻碍下属们前进的步伐。这样做，只会让整件事情走向失败的深渊，不但毁了自己，更会毁了他人。

在和高新技术公司接触时，柳井正总是显得格外虚心。他很尊重自己所能接触到的一些特别有想法的年轻人，他想象着如果这些优秀的人才都能够来到自己的公司工作，那实在是让人兴奋的一件事情。

这些新型的公司给柳井正的触动很大，他发现这些年轻人聚在一起开会的时候，他们的头脑风暴法使整个会议听起来像是在打仗一样，火药味十足。如果优衣库的每个员工都能够怀着各式各样的想法去做事，那就再也不用愁不出成绩了。

日本的公司有个传统，那些对公司做出了极大贡献的老臣们，公司通常会采取终身雇用的方式来作为回报。这不但是一项美德，更是一种责任的体现。但在和软件开发等新型公司接触后，柳井正觉得自己看到了日本企业界改革的希望。在这些新型公司中，公司从来不会和员工们签订长期合同。科技是日新月异的，现在正在做的事情很有可能明天就会被淘汰掉。连性命都保不住的公司，又何谈能保得住员工的饭碗呢？所以，不签订长期合同，对员工来说反而是种意外的保护。当他们看到公司快要不行的时候，随时可以跳槽走人。这样的行为不需要得到社会的认可，毕竟，挣钱吃饭才是硬道理。

柳井正也想借鉴这种经营模式，这让很多人想不通。优衣库不属于新型产业，如果不采用终身雇用制，会不会被社会认为是不负责任呢？柳井正思来想去的结果是，公司还是和员工之间都保留一定的选择余地吧。如果想要离开，也不必受到长期合同的限制；如果想要留下，短期的合同也可以无限制地延长。

毕竟，满足了员工的需求，才有可能留下优秀的人才。这也是"领头羊"的一种管理手段。或许给员工们一点压力和紧张感，也是一件好事情。柳井正一直这样想。

优衣库的半边天

就像所有的企业一样，在优衣库中也会出现员工之间谈恋爱的现象。对此，柳井正还是很支持的，但是他很快发现了一个奇怪的现象，当一个优秀的女员工和一个并不算得上是优秀的男员工结婚后，因为有一方要照顾家庭，所以必须要有一人辞职。这个人通常都会是女员工，即便她十分优秀。这个现象让柳井正开始思考起女性在企业中的未来。

在优衣库店面中，女性员工会占据大多数的位置。可真正分配到领导位置的女性，却只有三位，在部长以上的职位中根本就没有女性。在日本传统的经营模式中，男性依旧占据着主要的位置，这似乎本应该就是顺理成章的事情。

优衣库的员工条例里写着，员工之间没有性别、种族、国籍的差别，而且在薪酬待遇上也全然没有男女之别。但这句话也仅仅限制于在条例中起作用罢了。女性员工想要充分发挥自己的聪明才智，总是会受到来自各方面阻力的影响。每个人都明白，现实本来就是这样的，这不是优衣库的问题，而是整个社会体制的问题。想要改变这一现状，可能需要好几代人的努力。

柳井正从不承认优衣库中存在性别歧视，但他脑海中最优秀的员工却没有一个是女性。相比之下，女性还是比男性员工存在着很多方面的劣势。

首先，女性要面临结婚和生育的问题，这不可避免地会耽误其工作的时间。柳井正不希望任何一个员工因为个人原因而耽误工作。尤其是在做到重要职位的时候，他更不想看到女性员工因为生孩子而离开公司长达半年的时间。这半年的时间对于时尚休闲服装业来说，变化是翻天覆地的。即便该职位依旧为她保留着，但等女性员工重新上岗后，她还能不能够跟得上潮流也是个很难说的问题。

其次，和优衣库有着业务往来的公司负责人也都是以男性为主。如果对方是女性的话，优衣库就有必要派出女性来应对。可是面对目前的这种状况，似乎优衣库只有用男性员工才能够更好地解决业务问题。

在日本社会，男女之间的差异已经将近40年没有改变过了。即便已经进入了新世纪，即使女权主义者也在大力呼吁权利上的平等，可真正想要改变这种现状，不是仅仅只靠口号就能喊出来的。这样的社会结构，也不是只靠一家公司就能够改变的。

然而，当下的日本，呈现出了女多男少的状况。很多家庭缺少男性后代，因而就不得不让女性去做原本属于男性的工作。如果女人不能够充分发挥自己应有的社会价值，那么整个社会都会陷入极度的混乱状态。

女人的重要性，已经成为不容忽视的一个大问题。但让人觉得不可思议的事情是，在大部分女性的意识之中，也有着深深的家庭主妇观念。柳井正觉得，这样一来，多多少少会造成人才的浪费。为了保留住更优秀的人才，必须要改变或者创造出一个更加人性化的工作环境。

在优衣库店铺的基层员工中，女性员工所占数量远远超过了男性员工。因为前来购物的顾客多为女性，女性员工在销售方面有着更大的优势。但女性员工似乎仅仅只限于从事这一份基层的工作，很少有人能对工作提出建设性意见。相反，负责商品企划和宣传工作的人却多是男性。

这似乎也和流行的国际风潮相一致。

不管怎么说，既然有了这么多的女性员工，公司就要充分考虑到她们的存在。当女性员工超过了该店铺员工数目的一半时，优衣库就会为这些人专门设立幼儿园，以解决她们的后顾之忧。

但柳井正从来都不推崇"女性优先"的法则。他认为男女应该是绝对平等的，任何人都应该凭借自己的实力来获取奖励，而不是靠着别人的忍让。在面对性别问题时，柳井正心中的实力主义再一次占据了上风。

柳井正更不想看到因为男性的忍让而让已经成功的女性形成傲慢、不负责任、散漫的作风。不管是男性还是女性，只要是"领头羊"，都应该做好示范作用。靠着榜样的力量，才能够让优衣库走得更远。在这一点上，男性和女性有着同样的职责。

其实，当下的日本，女性也早已经不再满足于家庭主妇的角色了。她们越来越多地走入社会，这不只是在挑战自己，更是在挑战男权思想。

在优衣库内部，尽管秉持着实力主义的原则，尽管也在声声高喊着要男女平等，可是在考评的时候依旧会把男女分开按照不同的标准进行评价。这本身就是对女性的一种歧视。可是很多与此相关的问题并不是柳井正和优衣库能够解决得了的，当下的经营模式对他们来说已经算是很不错的状态了。

柳井正清晰地记得一件令他印象非常深刻的事情。他在拜访一家百货公司的时候，对方的经理说他知道自己手底下每一个女性员工的生理周期。柳井正一时间感到十分惊讶。经理说，这是必须要做到的事情，因为在那段特殊的日子中，女性的情绪很容易影响到工作。只有留意到这些情况，才能合理地调整好工作周期，让所有人都发挥出最佳的工作效率。

柳井正马上明白了其中的道理。他在回到优衣库后当即定下了两条规定；第一条，对待女性员工应该像男性员工一样苛刻，不实行差异化对待；第二条，因为女性的特殊性，也必须考虑到在某些方面的优待，以及其他方面的多劳多得。

这看似两条完全相悖的理念被大范围地推广开来，成为优衣库管理员工的最大准则之一。

柳井正一直都相信，女性的社会前景一定会更加美好。为此，柳井正修正了优衣库的女性产假制度，从而为女性的权益提供了多一层的保障。与此同时，优衣库还启动了"女性店长项目"，着重培养更有潜力的女性成为新时代的职业女标兵，让越来越多的女性担任起店长的工作。

身为优衣库的女性店长，如何才能在不影响工作的前提下处理好自己的家庭问题，这听起来虽是私事，但也确实是柳井正不得不多加考虑的问题。他甚至还创新性地想要推行在一家店铺设立两个店长的制度。但"一山不容二虎"，这一想法最终还是没有得到执行。

另一个尴尬的问题是，公司的执行董事中有三名外国人士，但女性执行董事却只有一名。柳井正突然意识到，想要进军国际，想要解放女权，这不仅仅只是多雇用几个日本女性就能解决得了的事情。全世界是个更大的舞台，也是个更大的问题。

既要在公司有足够的女性领导者，且还要有足够多的外国女性领导者，才能让优衣库在世界舞台上显出更多的阴柔之态。在这个问题上寻到更恰当的平衡点，柳井正知道这将是自己要长期追求的目标之一。

在挫折中前进

摇粒绒"负"效应

1999年的优衣库，进入了又一个发展高峰时期，其销售额几乎是1990年的22倍，店铺的数量也疯长了14倍之多。而更疯狂的事情发生在池袋洞口店和五反田TOC店开业期间。

当时为了促销，柳井正把优衣库的摇粒绒服装价格标到了1290日元，再创新低。疯狂的状况是肯定会出现的，最后为了维持店铺的正常运营，柳井正不得不再一次考虑采取限流措施来应对大流量的顾客。

在公司做预算的时候，通常都会把万一商品卖不出去的情况考虑进去，却很少提及商品万一脱销了应该怎么办。但当下，摇粒绒的销量在不断飙升，厂家追加生产的速度远赶不上销售的速度，许多消费者还没有进到店里，他们期盼已久的摇粒绒已经销售一空了。

为了避免消费者产生不良情绪，柳井正亲自出面道歉，并在当地的报纸上发表公开声明说，因为存货的严重不足无法满足广大消费者的需求，但优衣库的摇粒绒产品正在快速生产中。最后一句话又给了消费者以极大的希望。

柳井正的目的很简单，道歉只是公关手段，把更多消费者吸引到店里才是终极目标。

最终，这一次的促销活动一共卖出去摇粒绒服装850万件，顶得上当初整整一年的销量。

在2000年秋冬新品发布会上，很多媒体照例问询公司在未结束的一年里还会有什么新产品上市时，柳井正大声回答道："我们不会再有什么新产品了，我们今年的目标就是让摇粒绒的销量能够突破1200万件。"最后，这一年摇粒绒的销量历史性地达到了2600万件。除此之外，其他服装的销量也出现了大幅度提升。

截至2000年4月，优衣库的店铺数量也已经达到了417家。为此，柳井正关闭了原来的东京事务所，他重新开设了东京总部。至此，优衣库一直走的农村包围城市的路线终于要发生改变了。柳井正还计划未来新店铺的选址更加侧重于市中心的区域。半年之后，东京旗舰店涩谷神南店开业，这成为优衣库首家在市中心开设的店面。

此时的优衣库，已经发展到了一个顶峰。

然而，所有的事情都像是一条抛物线一样，到了一个顶峰后，必定会出现下滑的趋势。由于ABC改革中将生产商品的品种减少了，单一品种的产量增加了，导致满大街都是同一款衣服，尤其是在摇粒绒热销期间，优衣库很长一段时间内都没有新的产品上市，这种现象更为严重。没有人愿意一出门就碰到和自己穿着一样衣服的人，这和优衣库引领时尚消费的口号有些不相符了。

长时间以摇粒绒作为主打，难免会让人对优衣库产生固有的印象。来店购物的消费者，大多都是冲着低价摇粒绒来的，然后只是顺便会买一些其他的商品而已，好似优衣库只是贩卖摇粒绒的店铺一样。鉴于此，优衣库把摇粒绒当成是所有商品的重中之重也是不可避免的事情。但常穿优衣库服装的人，对这样一成不变的销售会产生极大的不满。

毕竟，优衣库长久以来坚持的创新和改变的理念，已经被摇粒绒效应冲击得荡然无存。所以这一年年终的销售量和营业额的结算数据出现了下降的趋势。

许多一直对优衣库抱有嫉妒之心的同行业，开始呈现出一派"看笑话"的势头，甚至有人认为"优衣库已经不行了"。就连新闻媒体也有些落井下石，大肆报道优衣库业绩不振。当初一边倒的赞美声不见了，但优衣库还必须得坚持下去。如果仅仅是因为消费者的埋怨而做出改变，柳井正是绝对接受不了这样的事情的。但当下的境况，同样不是柳井正想要看到的结果。摇粒绒热潮终有褪去的一天，到那时，优衣库应该怎么办？柳井正似乎还没有想好这个问题。

眼下，柳井正只能先将这一关渡过去，他将目光放到了互联网上。新世纪是网络的时代，不懂得用网络来为自己服务的人最终只能被网络所奴役。于是在2000年10月8日，优衣库终于迈出了关键性的一步，摇粒绒以改头换面的姿态出现在虚拟网络社区中。

当时，优衣库网络店面点击率在全日本的网站中排名第三。第一是搜索引擎，大家需要用这个来搜索优衣库的店面；第二是网购平台，消费者只有登录了平台才能来到优衣库的网络店面。由此说来，单论网店的排名，优衣库已经占据了头魁的位置。

这个过程只用了五天时间。在这五天的时间里，优衣库网络店面的点击率实现了从0到300万的突破。优衣库网店和实体店的区别到底在什么地方呢？

首先，顾客再也不用大老远地跑到优衣库的实体店去挑选服装了，更不用等着营业员去仓库中翻找自己喜欢的颜色和款式，只要坐在家中，用鼠标轻轻一点，就能静待收货。另一点好处在于，电脑显示器上的色彩还原度要远远高于电视屏幕和报纸杂志，在网络上做广告对消费者更具有直观的冲击性。

相比于实体店来说，网络的便捷性一览无遗。

有媒体评价优衣库的这种销售方式，说优衣库改变了人们购买商品的方式，完全突破了必须看到和通过触摸质感才会产生购买行为的概念。事实上，从提出利用网络的想法到执行只用了三个月的时间。那大概是1999年，优衣库已经开始制作秋季的销售目录了。有员工提议说或许可以把销售目光放在邮购上，大家只要看到了优衣库的销售目录，打电话过来就可以直接订购了。后来，柳井正把这一想法延伸到了网络上，实现了更大程度上的创新和突破。

柳井正并没有被互联网上出现的喜人形势冲昏头脑，虽然互联网销售前景很乐观，但其只占优衣库总销售量的3%左右。柳井正更加理性地看待当前阶段的网络销售，当下的互联网其实更适合做信息传播的媒介。当大家看到网上色彩缤纷的摇粒绒服饰的时候，再去实体店寻找适合自己的款式和尺码，才是最明智的选择。互联网虽不是万能的，但却是一股不能忽视的新鲜力量。

伦敦开店

虽然公司出现了一些倒退的迹象，柳井正却并不认为这就是公司倒闭的前兆。只要优衣库存在一天，他就要每一天都做好向国际进军的准备。

这是柳井正最大的梦想。他的两个首要目标是伦敦和中国。

其实早在2000年6月，优衣库就在伦敦成立了子公司，柳井正把这个分公司当成是调研英国市场的情报站。然而当年优衣库的销售额只有2289亿日元，优衣库为此陷入了一场不大不小的经济泡沫中，伦敦计划也只能暂时搁浅。

相比较而言，纽约的零售业市场已经非常庞大了，优衣库作为一个并不算成熟的企业很难在这里分上一杯羹。巴黎虽然自诩为世界时尚中心，可现实是这里的人保守，并且还很自负。意大利的乔治·阿玛尼曾经想要在巴黎开店，就遭到了当地人的强烈反对。柳井正对优衣库能否在巴黎扎稳脚跟保持着十足的怀疑态度。

伦敦与这两个城市相比，有着不可比拟的优越性。这里通用英文，柳井正认为，在这里开店远比拗口的法文更容易弄明白消费者到底在说什么。况且，伦敦的外国企业也不少，虽然这是一座古老的城市，但却并不妨碍它的开放性和包容性。因而综合来说，伦敦应该是最好的选择。

然而，此时的柳井正却犯了一个过去已经犯过的严重错误。

当初美国村店的失败，是因为把郊区开店的经验简单照搬到了市内店铺上。现在，柳井正又要把在日本国内成功开店的经验原模原样地复制到伦敦，因而优衣库的英国之旅才会显得格外尴尬。但是现在的柳井正，满心都是如何实现国际化的宏图大愿，哪里能如同先知一般预料到失败的结局。

选择好了城市，接下来就要选择合适的负责人。伦敦开店之初，柳井正更倾向于用当地人来管理伦敦的公司。有人给柳井正介绍了一个朋友，他曾经在英国老牌百货公司工作过，且从履历表上看，他也有着不错的工作业绩，但柳井正并没有在这个人身上体会到多大的认同感。可新店铺马上就要开张了，再不确定负责人选，一切都来不及了。没有办法，只得赶鸭子上架，柳井正决定留下这个人。

这就是整场失败的源头。

2001年9月，伦敦优衣库店正式开张。因为负责人出身老牌百货公司，所以其经营管理模式也透露着浓重的古典主义气息。他成立的管理团队中，没有人喜欢创新和改变，甚至店员和店长之间的等级关系都十分明朗。这或许就是原原本本的英国文化，可柳井正心中的优衣库不应该是这样的，即便是在英国，也要打破英国的零售业销售体系，而不是被英国的经营模式同化掉。

如此一来，店铺经营就不可避免地遇到了所有老牌公司都会遇到的问题，管理的僵化和上下级之间沟通的障碍。管理者根本接触不到消费者，他们也就不明白消费者到底需要什么；而员工只是简单地做自己的销售工作，他们更不明白店长希望自己从消费者的身上找到什么样的信息。这种故步自封的状态，对柳井正简直就是莫大的讽刺。在伦敦这样的国际大都市，以时尚和前卫为标榜的优衣库却像是个迟暮的老人一样，开始走上退化的道路。而且，英国店铺里的店员全都没有经过正规的培训，店铺里也是脏乱不堪。任何人来到这里，都觉得这简直就是几百年前伦敦的旧模样，丝毫体会不到新世纪的新风采。

柳井正尽量委婉地向店长表述了自己的想法。没有想到，对方不但不听从，还千方百计为自己狡辩。柳井正终于意识到，以英国传统的思想来经营优衣库，肯定是走不通的。没办法，他只得辞掉了这位朋友。接替他的，便是从日本国内飞过去的玉塚元一。

2001年11月，玉塚出任英国分公司的董事长兼任首席执行官。刚一上任，玉塚就看到当下店铺中存在的种种问题，一股强烈的危机感油然而生。他多次和员工们面谈，希望他们可以完全明白优衣库的经营理念。可惜，收效甚微，一时间，不少员工主动离开了。

能留下的人，虽不是完全赞同优衣库，但最起码他们不反对，这就足以使他们为优衣库的顾客提供最好的服务。玉塚元一的改革收到了一定成效，之后他又回到国内继续担负起优衣库日常经营管理的大任。英国店铺的经营权交到了常务董事森田政敏的手中。

不论在市郊还是在市中心，不论在日本还是在英国，柳井正都一贯坚持优衣库独有的经商理念，而不是跟着各地风俗对自己进行改变。这是非常难得的事情，也是促进优衣库成功的根本。虽然此时优衣库并没有被英国人认同，这只能算是在成功路上不大不小的一个挫折。若是优衣库被英国人同化掉了，那对柳井正来说才是最大的打击。

进军中国市场

2001年8月，优衣库正式启动了挺进中国市场的计划。以林诚为首的"四人管理团队"正式在中国成立，其中，林诚担任总经理，高坂正史和潘宁担任副总经理，田中浩志担任财务总监，林诚还同时兼任生产与销售部门的负责人。

第二年，优衣库在上海市内同时开张了两家店铺。为了不重蹈伦敦的覆辙，这一次柳井正采取了比较保守的开店策略，即开一家，巩固一家，盈利一家，之后再开第二家。这样一家一家地开下去，虽然步伐比较缓慢，但是至少不会让伦敦悲剧再上演。

当时，对H&M、ZARA这样的品牌，中国人还不甚了解，消费的主要对象还是以纯、真维斯、美特斯邦威、佐丹奴这些本土的品牌。这些品牌的主打是大众化的服饰，于是为了迎合中国人的喜好，优衣库也将自己定位为大众化的服装，这样，当时在中国火热到极点的班尼路和佐丹奴就成了优衣库的主要竞争对手。

虽然走的也是大众化的路子，但是优衣库的价格可并不亲民。于是在店铺的经营模式上，柳井正和林诚的意见产生了分歧，柳井正认为中国的优衣库应该完全复制日本优衣库的模样，无论是产品的品种、质量，还是价格都应该保持在同一个水平线上。

但是林诚却认为，中国不同于英国，尽管上海也属于很发达的地区，但和伦敦相比依旧有着明显的差距。以优衣库当下服装的价格，在日本还算亲民，如果照搬到中国就会显得稍微贵了一些。在日本，中产阶层的比例高达90%以上，所以中产阶层几乎代表着大众，但中国还远远达不到这个水平，中产阶层并不能代表大多数。如果按照日本的销售价格在中国进行销售，那么以当时中国人的收入水平，优衣库一件休闲装的价格就相当于"天价"了。

当时，上海市一个普通家庭的平均月收入是1.5万日元，除了吃喝拉撒睡等必备的消费，每户用在服装类上的支出为750日元。而优衣库一件T恤售价就相当于一个普通上海市民两三个月的预算，这着实不是一笔小花销。如果五口之家每个人每月都买一件T恤的话，这根本就是让中国人无法接受的事情。因而，优衣库当时的定价，完全不符合中国人当下的消费习惯。

因此，林诚建议优衣库的服装在中国的价格必须低于日本，但可以以质量上的些微差异来弥补利润上的损失。听了林诚的建议，柳井正也开始担心因为价格的问题导致中国人不会来店里购物。所以柳井正赞成了林诚的建议。但至于究竟应该把价格定在什么水平上，他们谁也拿不准主意。关于价格的问题，在没有亲自感受卖场之前，是完全找不到方向的。最终，柳井正决定将价格定在低于日本的20%上。这个价格和国外的名牌比起来，已经算是很低了。况且，优衣库在中国经营的休闲服装和在世界其他地区售卖的质量是完全一样的，同类型的商品在中国根本就找不到比其价格更低的商家。

但是，优衣库一件T恤卖到59元一件，当时街边的小摊上，一件T恤才10元、20元。所以在最初宣传时，林诚提议先把着重点放在质量上。当时，中国还没有完整的休闲服装的概念。林诚认为这样的做法等于是把休闲服装的概念成功地引进中国市场，此时宣传的主打是质量，再以价格作为诱惑，应该会取得成功。但是相比较之下，优衣库无非就是高档的休闲店，况且，他们还有班尼路、佐丹奴这样的品牌可以选择，这让大家失去了非去优衣库购买衣服不可的理由。

因为定位的偏差，优衣库从一进入中国市场，就遇上了不少的劲敌，打上了"不是你死就是我活"的价格战，俗话说"狭路相逢，勇者胜"，这一次，优衣库能够胜出吗？

宏伟蓝图

优衣库在英国和中国着陆后，柳井正产生了要拿下美国市场的念头。当时，柳井正预计世界贸易组织有可能会在2005年后撤销对纺织品的保护政策，这样一来所有的本土纺织品产业都会面临来自世界各地的冲击，尤其是发展中国家会因为这条政策而受到很大冲击。

这条消息对于优衣库来说绝对是有利的。因为一旦取消保护政策，柳井正就不用再为上缴高额关税而发愁了，其贩卖的产品也就能以更低的价格进入国际市场。柳井正暗自庆幸，久违的光明真的就要到来了。但同时，这也意味着优衣库将面临更大的挑战。

柳井正何尝不懂，全球化的趋势越来越明显，如果优衣库不主动出击的话，就只能等来被动挨打的局面。日本的经济一直都不是很好，股市也处在熊市，人们更愿意把钱存到银行而不是拿出来消费。在如此残酷的情况下，许多企业都走到了破产的边缘，创新企业能够在商业上获得成功的可能性也越来越小。面对这样严峻的形势，优衣库如果再不寻求突破，就只有死路一条。

在这样的时刻，柳井正认为优衣库似乎也只有向国外走，才能有更大的发展空间。因而，国际化反倒成了柳井正唯一的选择。但休闲服装零售业本就起源于欧美，优衣库的经营模式又是偷师于欧美地区，想要在世界舞台上和自己的师父们打擂台，绝对是一件非常冒险的事情。

就拿ZARA来说，这个成立于1975年的西班牙品牌，是当时唯一出身于制造业的SPA企业，最早从制造业的角度构建了制造、销售一体化的运用体系。在ZARA内，不但有优异的设计师，而且比起大牌服饰的价格来，ZARA的价格也相对低廉。当ZARA的创办人创办第一家店铺时，柳井正才刚刚从父亲手中拿到小郡商事的经营权。

另外，从产品制造方来说，优衣库80%的产品来自于中国制造，而ZARA大部分的产品则来自欧洲制造。所以ZARA的服装设计风格更加偏向于欧美，因此ZARA的服饰比优衣库的服饰更加能够迎合欧美消费者的审美。

再加上ZARA新品的上架速度十分快，几乎每一周到两周的时间内就会有新品出来，消费者无论什么时候去ZARA都能看到新的服装款式。这一点要归功于ZARA的服装设计师了，这些平均年龄只有25岁的设计师们，几乎常年穿梭在巴黎、米兰、纽约、东京等时尚之都，并以最快的速度将流行的款式设计出来。相比之下，优衣库的产品款式就有些单一了。

除了ZARA这个强劲的对手外，H&M的实力也不容小觑。论起资格来，H&M比ZARA更老，它成立于1947年，和优衣库一样，也以"平价"作为自己的立足点，另外H&M的产品十分多元化，从成人到儿童，再到饰品、化妆品，H&M几乎都有涉足。价格低廉、品种齐全的美名，让H&M迅速成为欧洲最大的服饰零售商，即便是在经济萧条时期，其业绩也是呈上升趋势的。

面对着这样两个劲敌，柳井正仍旧很有信心，他相信自己有能力把国际化的事情做好。因为优衣库一直以来都走的是与众不同的路线，从某种程度上而言，优衣库的短板，也恰恰是核心竞争力所在，说不定这份独特也正是大家所缺失的部分。柳井正知道，尽管有些事情并不是简单地靠能力大小就可以决定的，但是如果优衣库国际化失败，那自己就失去了所有。所以为了给自己留出一条后路，柳井正动起了要插足其他行业的想法。

多行业试水

第一个被柳井正瞄准的行业，就是蔬菜行业。做服装的要卖菜，这可以说是一个不小的变革。但一直以来，优衣库都没有停下变革的步伐，因为柳井正不是一个安分守己的人，在他的自我意识中，优衣库应该是每天每时每刻都在变动的组织，他的目的只有一个，让公司适应时代的要求，进而引领时代潮流。

2001年，柳井正结识了永田照喜治。当时，永田照喜治对柳井正提起了一种培训农产品的新方法。永田照喜治认为，经营食品行业，最重要的是要销售新鲜且安全的水果、蔬菜。这种新方法不用人工去进行浇水施肥，完全凭借植物自身的生命力生长，可以说是完全绿色无公害的。这让柳井正瞬间点燃了进军食品行业的热情，他心中满是希望，并坚信只要自己努力就一定能获得成功，这样就能彻底改变日本当下食品行业的经营状况。

这不得不说是一个伟大的理想。

在正式成立领导小组以前，永田照喜治曾多次向柳井正提到一些在新技术方面很有成就的企业家。柳井正按照名单一一进行了拜访，他要弄明白这种新鲜的技术到底有多大的可行性。最后，柳井正还在公司内部举行了试吃会，在得到了员工们的一致好评后，他才决定正式成立食品实业部门。

正好当时优衣库内有一名执行董事的父母经营着一家水果店，当他得知柳井正有向蔬菜水果方向进军的念头后，果断地申请了这一职位。这个人便是柚木。很快以柚木为中心，以永田照喜治为技术指导的领导小组就成立了，他们以向把现行蔬菜水果行业的流通机制变得更加合理化为目标，开始大步向前迈进。

2002年1月，宣传攻势就开始了。4月，食品部门开始通过网络宣传自己的经营理念和种植方式。又经过半年的积淀，9月，成立了FR食品公司，转而取代了之前的食品部。FR食品公司和优衣库一样都隶属于迅销公司。柳井正希望优衣库身上的成功模式能够被顺利地嫁接到其他行业，进而在日本打造出一片"优衣库"王朝。

此时，有相当一批市民已经开始关注有机食品的内容，当消费者去超市购物时，那些在包装袋上写着"这是我亲手种植的"蔬菜水果更容易受到青睐。人们不再以简单地填饱肚子为目的，时代在变革，大家更倾向于消费那些纯绿色的食品。柳井正抓住了这一点，并以优衣库的低价格模式做指导，适时推出了FR食品公司的主打品牌"SKIP"。

当时的大众传媒对柳井正的这一做法持批评态度，他们说卖衣服的迅销公司怎么能够同时去卖食品呢？甚至在优衣库内部，反对的声音也从来没有停止过。事实上，柳井正自己并不确定FR食品公司到底能够走多远，但他坚信自己当下这份改革的雄心是值得鼓励的。当然，改革总是会面对许多人的批评，对于这一点柳井正早就习以为常了。

这只是个个例，柳井正的"花心"可不仅仅只体现在食品行业上。当优衣库发展到顶峰的时候，在一次管理层的例会上，柳井正突然提出一个令众人咋舌的想法，他认为此时的优衣库不妨向和休闲服装行业相接近的一些行业试下水，比如鞋和内衣，这样一来迅销公司就可以垄断整个行业体系了。

有人强烈反对柳井正的建议，他们说优衣库一直以来奉行的是低价高质策略，但现在的优衣库其实还没有把这一点做到极致，与其把心思花在其他事情上，不如好好地去做一件事情，做到让所有人满意为止。比如在现有的生产线上更新产品设备，用更简洁的方式来扩大生产规模，进而提高优衣库的销售量和利润空间。

纺织业被称作是夕阳产业，想要在这一行业上牟取更多利润早已是非常艰难的事情了。柳井正更愿意转换一下目光，投身到其他行业中去赌一把运气。

柳井正看中了鞋领域。他看到伦敦、巴黎等国际城市，鞋店到处都是，甚至还有许多鞋店只卖一种型号一种尺码的鞋。因为高额关税的原因，这些鞋进口到日本的时候价钱就会被无端地抬升很多。如果能够做出高质量的本土品牌，那一定就是鞋行业的"优衣库"。

柳井正预想的模式是，自己生产制造，自己再去销售，在满足了顾客需求的同时还节约了生产成本。这怎么看都是一举两得的事情。为了避免因为冒进带来的失败，柳井正小心翼翼地选择了弹性经营机制，以应对无法预料的意外。

好在这次尝试也并没有经历太大的挫折，柳井正只期望能够顺风顺水地经营下去。尽管他当初喊出来的豪情能够震天慑地，但他的目光还是始终盯在休闲服装上不放。

不论是保有现在的市场还是向新行业进军，柳井正始终在摸着石头过河。新的产业必定存在很多的机会，但同样也有很多挑战，只要勇于变革，一切都会变得不一样。最重要的一点是，不论做什么事情，首要坚持的就是收支平衡，其次才是利润上升。达不到这一点时，这件事情千万不要去做。

柳井正尽管愿意冒险，但他从不胡来。

这也恰恰是伦敦失败的教训。看来，伦敦的案例对柳井来说正是一次极为深刻的心灵历练，甚至是一辈子都难以忘怀的烙印。

柳井玉塚模式

忙碌的日子总是短暂的，柳井正曾公开表示会在60～65岁的时候从经营一线上退下来，安心去享受晚年生活。掐指一算，当下离他曾预言的日子已经不远了。在他50多岁时，很多员工就常会听到柳井正说自己的精力已经大不如从前了。柳井正自己也开始担心自己能不能够在迅销公司社长的这个职位上做到60岁。柳井正希望自己能够全身而退，以投资人的身份重新出现在大众的视野中，而不再是商人的角色。

柳井正真正担心的不是自己工作能力的问题，而是随着年龄的增长，怎么样做才能够让自己和公司里的新鲜血液保持正常的交流沟通。在一个团队中，如果成员之间的交流出现了障碍，这必定会影响到整个团队的协作能力和最终成绩。尤其是在和年轻一些的员工们共处时，他们旺盛的工作精力也让柳井正开始自叹不如。

2002年5月，柳井正再次萌生了让泽田贵司来担任社长职位的念头，在柳井正的心中，社长职位的接班人一直非泽田贵司莫属，当初轰轰烈烈的ABC改革，就是以泽田贵司的一次报告作为蓝本进行的。泽田贵司善于发现问题，并且不安于现状积极改革的作风，就像是另一个柳井正，可是泽田贵司对此却有着不一样的想法。

当时公司的经营进入了另一个瓶颈，实体店的营业额已经跌破了前一年的数字。在摇粒绒热卖的时候，几乎每天早晨还没有开门，人们就已经等在店门口了，但是这场热销风潮过去得太快，以至于优衣库都还没有做好准备，根本没有后续的产品跟上来，导致满满一个货架子的摇粒绒几乎一件也销售不出去。面对这样的场景，任何一个经营者都会感到焦虑不安，即便是早已经经历过大风大浪的柳井正也不例外。

而这种情绪不可避免地殃及到了泽田贵司的身上，泽田贵司一方面要处理公司的种种事务，另一方面还要承受柳井正时不时爆发出的不良情绪。这让泽田贵司感到心力交瘁，曾不止一次对朋友表示"自己无法再坚持下去了"。现在柳井正再次提出让他接任社长这个职位，他感到自己既无法挽救公司当下的局面，也无法在现有的位置上继续做下去，所以他面临的选择只有一个，那就是辞职。为了断了柳井正留下自己的念头，泽田贵司以打算自己开设公司作为离开的借口，正如他所料，柳井正虽然不愿意让他辞职，但是也没有自私地阻碍他更好的发展。最后，柳井正只能让泽田贵司推荐人选，泽田贵司推荐了玉塚元一。

玉塚元一比泽田贵司小五岁，他们的友谊从1983年就开始了，泽田贵司相信玉塚元一会是比自己更加合适的人选。于是在2002年11月的股东大会上，柳井正正式宣布了对玉塚的任命，而他自己只是担任着名誉总经理的职位。看到这一幕的泽田贵司情不自禁地流下了眼泪，这眼泪中包含着太多的内容，但更多的是对离开优衣库的不舍和为难。

作为新生代的代表，柳井正相信在玉塚元一的带领下，优衣库团队将会显得更加年轻，也更具有实干精神，并且可以把优衣库带到一个新的平台。国际化的梦想不一定要自己去完成，况且，进军国际是一件急不得的事情，越着急越容易出乱子。

接任了社长的玉塚元一也不辱使命。他的身影常常出现在销售的第一线。柳井正对玉塚元一的表现非常满意。他看得明白，只有像玉塚这样的人才，才是真正的集销售和管理为一身的最佳接班人。言语中，丝毫不吝啬对玉塚的夸奖。

在销售现场的工作人员年龄大多在25~30岁，玉塚和这些人年龄相仿，所以他们有很多共同语言。因为对事物的看法有着空前的一致性，且他们之间的交流也不存在障碍，员工们都会尽心尽力地去工作。柳井正固执地认为，经营者必须了解销售是怎么回事才能在经营者的位置上做出正确的判断。

按照日本传统的经营模式来推算，想要做到玉塚今天的职位，恐怕最少也得过了55岁才能够实现。玉塚的出现彻底打破了这样的清规戒律，他让员工们相信，只要有能力，任何人都可以做到最好。这种励志精神，是柳井正一直以来所倡导的，其恰恰也正是处于这段过渡期的优衣库最缺少的一种动力。

在玉塚元一的带领下，2003年8月的销售业绩有了很大改善，比上一年度同比增长了6.7%，这是优衣库时隔将近两年来的首次增长。

玉塚元一的能力让柳井正对优衣库的再次崛起充满了信心，于是在9月份的店长会议上，柳井正提出了"2010年销售额达到10000亿日元，经常利润1500亿日元"的目标，按照这个目标的话，就等于要在七年内实现销售额增长三倍多，这可是个相当高的目标。柳井正想要通过制定更高的目标，以此激起大家奋斗的决心和工作的积极性。

第八章

进退维谷

接受预计的失败

在中国卷土重来

没有任何成果的经营，就是失败

优衣库不是便宜货

重掌江山

新的领导班子

与东丽合作

接受预计的失败

失败，永远是经营者不能忽略的问题。尽管柳井正从来不承认，但在优衣库的经营道路上，他早就接受预计的失败。

优衣库刚刚改名字的时候，其包含的一个中心词是"速度"，即以快制胜。没有速度的企业，想要单纯地以质量取胜，不是不可能，只是这个过程要漫长许多。在商业竞争中，谁是第一个吃螃蟹的人，谁是开山鼻祖，谁就能够在消费者的心中留下难以磨灭的印象。后来者都是在跟风，效仿不好的话反而会被市场淘汰。

柳井正认为公司在发展的过程中，越早失败越好。失败并不可怕，只有失败了，才能清楚自己究竟哪些地方做得不对，才有机会去改正错误。失败越早，也就能越早认识到自己的不足，及时改正后才能获得成功。相反，如果故意把失败拖延下去，可能会因此造成更大的损失。这才是真正得不偿失的事情。

如果在失败初期就看出了苗头，便能给自己留下足够的时间去制止这样的状况发生，成功路上的障碍才可以被扫除掉。所以，在成功之前要做的很重要的一件事情是，计划好失败。

最初，柳井正希望优衣库在英国三年内能够开满50家新店铺。为了顺利开新店，只要是位置合适，哪怕租金再贵，柳井正也愿意尝试。他似乎早已经被国际化的雄心迷住了双眼。为了能够让店铺高效率运转，他更是不惜重金为新店铺添置了全新的信息系统。但投入和产出不成正比已经是个不争的事实了，而这些在开到第四家店的时候，就已经初露端倪了，只是柳井正当时认为只要开到50家店，自然就会盈利。结果没想到，店铺开得越多，就亏得越多。终于，在开到第21家店铺的时候，柳井正意识到如果再不停止，等待他的将是更大的失败。于是他立刻停止了扩张的脚步，并关闭了其中的16家店铺，只留下了5家店铺在勉强支撑优衣库的颜面。

过后，柳井正分析此次进军伦敦失败的原因，首先在开店之前，没有做好前期的市场调查。一个实例是，日本店铺内曾经掀起一场购买消暑衬衫的风潮，但在伦敦却根本卖不动。谁也不知道为什么伦敦人会对这么凉快的衬衫不感兴趣。最后还是在一名店员的提醒下大家才意识到，伦敦的夏天根本就不像日本那般潮湿闷热，这里的天气甚至还会在不经意间来场及时雨，如此气候，防暑衬衫又怎么会好卖呢？

同时，服装设计师们也根本没有考虑到伦敦人和日本人身材比例上的不同。因为二者的身体构造不一样，原本是为日本人设计的服装被运到伦敦后，没有销售量是很正常的事情。可笑的是，当时柳井正还怀疑是因为伦敦人和日本人穿衣的喜好不同所致。为此，他们还在衣服的颜色和款式上大做了一番文章。结果是，这样的努力做得越多，最后所遭受的失败也就越大。最后，还是柳井正亲自到店里面同前来购物的顾客进行交谈后，才明白了所有问题的症结。

可以说，伦敦的经营战略是一次失败的尝试。柳井正第一次深刻醒悟到，廉价促销在伦敦是被视为最不高明的经营策略，当地销售商几乎没有人会这么做。这个教训是深刻的。每每想起这件事情，柳井正都会说这真是一段糟糕的回忆。他把最终的责任归咎到了自己身上，如果不是自己太冒进的话，或许就不会遭遇这么大的失败。

当然，对柳井正而言，失败可不是白白浪费掉自己的财产，失败也必须有失败的价值。柳井正之所以说自己的经营哲学是一胜九败，是指每个经营者都需要从数次失败的经验中提炼出对成功真正有帮助的教训，从而保证自己以后不会在相同的地方再次跌倒。如果失败仅仅只是一次失败的话，那才应该算是彻头彻尾地输掉了整场战争。

正是因为有了伦敦这个前车之鉴，在进军中国市场时，柳井正才会格外小心。只是，在经商的过程中，不是小心就可以驶得万年船，意外总是在不经意间发生。负责中国业务的林诚虽然了解中国人的消费习惯，却没料到中国人还有着自己的消费文化。在中国人的眼中，休闲服饰是面向年轻人的，属于便宜、散漫的穿着，这首先在服装定位上就产生了偏见。其次，中国人习惯于给商品分为高、中、低三个档次，并固执地认为一分价钱一分货，便宜没好货。所以优衣库想要传达的"质优价廉"的理念完全得不到中国人的认可。

在这样的情况下，优衣库只能勉强维持着，因为在柳井正看来，中国的市场非常有发展的潜力，因为当时的中国正在飞速发展着，照这样的速度下去，人们的消费水平提高只是时间问题，但是柳井正等来的却是一场天灾——SARS（非典）。当时SARS疫情在中国爆发，人们在一夜之间谁都不上街了，原本就勉强支撑的场面有些举步维艰了。

与此同时，跨行业经营的蔬菜产业一直处于亏本的状态，在短短一年半的尝试中，优衣库竟出现了高达20亿日元的经营赤字。一时间，优衣库进入了自创建以来发展最为困难的时期。回想这个时期，柳井正认为是因为当时摇粒绒卖得太火爆了，使整个优衣库都弥漫在一片繁荣的景象当中，人心也因此而变得浮躁起来，认为不管做什么都能够成功，结果因为涉及的领域太广泛了，导致了一次又一次的失败。

然而失败并不可怕，可怕的是无法从失败中得到任何经验和教训。对于失败，柳井正早已经经过了严密的计划。可以说，成功在他的计划当中，失败也同样存在于他的计划当中。柳井正坚持认为如果没有苦就永远都不知道什么是甜。这是个对比的过程，纵然艰难，也得主动去尝试。

　　这是经商的精髓。只是很少人能够理解到这个层级，因为人们太希望得到成功的喜悦了。一胜九败看起来好像并不那么辉煌，但正因为失败而收获了成功，这已经是很值得骄傲的事情了。

在中国卷土重来

　　面对中国市场的失败，柳井正自己评价说，最关键的问题是我们在中国开的店铺失去了优衣库的本质，中国人需要的不是廉价的优衣库，而是真正的"日本优衣库"。因为作为消费者，中国与日本的人民都一样，衣服是身份的象征，即便是服装的价格高于自己的预计，那些重视社会地位的人仍会购买。林诚的提议是好的，但却有些刻意去迎合消费者了，这是最不应该的事情。柳井正这样说的同时，也责怪自己没有坚持主见。

　　最终，林诚提出了辞职。中国地区的负责人变成了潘宁。与林诚一样，潘宁也是中国赴日本留学的留学生，在留学期间，潘宁白天在学校上课，晚上还要打两份工，然后省吃俭用地读完了大学。毕业后，潘宁进入了优衣库工作，他是从最初的店员做起，仅用了半年的时间，就成为店长，这之后就一直走在不断晋升的路上。

　　当潘宁接手中国优衣库的时候，这里所有的店铺徘徊不前已经长达三年时间了。在北京新开的两家店铺，经营不到一年，就关张了。如何快速打开中国市场，是他首先要考虑的问题。几乎每天，潘宁都在考虑如何改变中国市场当下的局面，这时，一条新闻引起了他的注意。新闻说，在"五一"黄金周期间出游的人数达到了1.5亿人次，这个数字甚至超过了日本的总人数。潘宁敏锐的嗅觉马上嗅出了金钱的味道。他敏锐地感觉到，优衣库在中国的春天到来了。

之后，他又冷静地分析了一下中日两国国情的异同。在日本，优衣库是国民品牌，没有人不知道优衣库。而中国大众对优衣库的认知远远没有达到日本的认知程度。

当下在中国，想要在短时间里普及优衣库，价格下调是必然的。但不能因为下调了价格而降低商品的质量，这是杀鸡取卵的方式，等于完全断绝了自己的后路。可一旦双方面都做到了，优衣库就失去了利润空间。两难的处境，应该如何是好？

潘宁提出了一个相当具有创造性的想法。他主张大胆放弃进军大众市场，先把目标锁定在中产阶层身上。

一番调研下来，那些月收入在5000元以上的人群，成了优衣库在中国的首个目标群体。

这一设想不是盲目的。中国和日本的国情不同，关税和增值税都要比日本高很多，而且城市里店铺的租金高得吓人。所以，只有把目标锁定在具有一定购买力的中产阶层身上，优衣库才有可能在中国赚到钱。

于是，优衣库在中国的定位完全发生了改变，唯一不变的是中国的优衣库服饰和日本的原版商品保持着毫不打折的质量。但和中国市场上其他国际服装品牌一对比就会发现，其实优衣库的衣服卖得还是很便宜的，虽然比起本土的商品略贵一些，但优衣库的质量绝对是有保证的，了解优衣库的人自然会主动找上门来购物。

2005年，潘宁奉命开拓中国香港的市场。在选址时，潘宁将店址选择在了一家购物中心，在当时，这样的选址方式非常特殊，优衣库也从来没有在这样的地方开设过店铺。管理层认为，潘宁这样与众不同的选址方式太过于冒险，最后定然会招来失败。

管理层这样断言，不是没有依据。曾经，优衣库在日本也曾尝试过在购物中心开店，并取名为美国村店。毕竟能够在市中心的百货公司开设一家专柜，是每一个服装零售商的梦想。然而，那家店铺的商品却一件也卖不出去。因为当时优衣库没有在市中心开店的经验，无奈之下，只得把原来郊区的老一套宣传手段照搬过来用在了市中心的店面上。先是印发宣传单，再把各种打折扣的商品都详细地列出来，甚至连只有在周日以1000日元特价销售的摇粒绒也要在宣传单上标出来。

事实上，这么做只会让美国村店成为郊区店的一个山寨复制品，其身上根本就没有自己的特色可言。在市区商业区逛街的人们接到了优衣库的宣传单时，完全不明白这家新开的店铺到底在主打什么样的服装。从宣传页上来看，似乎只是价格便宜，别无其他。因而，人们宁愿保持着谨慎的态度，也不做出盲目的购买行为。

所以，当潘宁提出要在购物中心开店时，管理层唯恐再出现美国村店的错误，所以一直采取反对的态度。潘宁却认为，此次选址在购物中心成功的可能性极大，首先因为房租十分便宜，这跟开美国村店时的情况完全不同，另一方面，此次所选的店面面积非常大，如果能够打开销路，那么收入会非常可观。最终柳井正站在了潘宁背后，支持潘宁放手一搏。

其实，潘宁的做法与优衣库在日本的做法十分相似，都是选择房租便宜、店铺面积大的地方来开店，再加上品质、价格与日本水准一致，且定位准确，开店当日就出现了顾客排队购买的场景，创造了香港零售史上的奇迹。更加重要的是，香港一号店的成功，令优衣库在一直停滞不前的中国市场上打响了名号，人们开始纷纷注意到优衣库这个品牌，为优衣库在中国其他店铺的经营铺平了道路。

首先得益的就是上海的店铺。当时，ZARA、H&M、C&A等品牌也进入了中国，人们纷纷拿优衣库来与它们比较，卷土重来的优衣库面对着不容小觑的竞争对手，显得格外镇定。既然大家乐于做这样的比较，那么潘宁就将店铺开在了ZARA、H&M等这些代表着"快时尚"的店铺周围。但是在选址上，潘宁显得更胜一筹，虽然优衣库的位置在三楼，看似不如一楼的ZARA有优势，但是顾客一上三楼首先看到的就是优衣库的店铺，而ZARA则由于偏于中心的位置，反而没有优衣库的位置能够吸引到顾客。

与林诚不同的是，潘宁采取的是大店铺的扩展之道，这一下子拉开了优衣库与中国国内品牌班尼路、美特斯邦威等的差距，同时也让优衣库的品牌层次得到了提升。柳井正对潘宁的做法十分赞赏，他仿佛看到了曾经的自己，潘宁正把他创建的优衣库模式复制到中国市场，这正是柳井正想要看到的局面。

经历了前后两次中国籍管理者在中国发展的不同方式和效果，柳井正心有感慨，作为一个商人，依靠自己的独立判断并没有错，但连锁业发展到了今天的地步，如果不懂得调动团队的力量，那注定是会失败的。上下级之间的沟通，往往能够决定事情的成功与否。

没有任何成果的经营，就是失败

在玉塚元一经营管理下的优衣库，一直走在稳定发展的路子上，继摇粒绒外套后，优衣库又研发出了一种发热内衣Heattech，销量还算可观，收购了theory职业服装品牌，启动了女性服装专有品牌，又在大阪开设了一家有着近两千平方米的优衣库大卖场，并再一次在纽约成立了设计研究中心。另外，还在韩国首尔、美国新泽西、中国香港尖沙咀分别开设了分店。

从这些数据上来看，玉塚元一在这段时间中的努力是非常值得肯定的。柳井正也很中肯地评价，正是因为玉塚元一带领着优衣库，才让他没有了后顾之忧。在这一段时间，柳井正真正实现了自己做投资人的梦想。

似乎一切都在朝着良性发展的方向进行。但是在2004年年末的时候，因为遇到了暖冬，优衣库这个季度的服装几乎一件也没有卖出去，导致了大量的库存积压。为了减少库存，不得不在第二年的二三月份进行降价处理。这样一来，销售额有所减少是必然的趋势。再加上经济危机的大环境，迅销公司的多家分公司都出现了不同程度的财政赤字。

在2005年8月期的中间决算时，优衣库的销售总额同比增长了10.4%，但是营业利润却同比减少了9.9%，公司业绩增加了，收益却减少了，这个戏剧性的结局让柳井正连续两年增收增益的目标化为了泡沫。

这不是柳井正心中所期望的样子。作为接班人，玉塚元一十分了解柳井正的作风，但是作为优衣库的总管，他每天看着手下上千口人每天都等着向自己要吃饭钱，不可能没有危机感。这种危机感让玉塚元一选择了稳妥的方式来保证大家都有饭吃，而不是拿着大家吃饭的钱去冒险，看能不能够把白菜变成白肉。所以，玉塚元一没有在这个时期抓紧时间进行扩张，而是选择了"安定增长"的发展战略。

在一次说明会上，玉塚元一做了言辞恳切的反省，他表示公司前期发展还是不错的，但是激烈的年末商战中，因为对一些细节上的问题采取了乐观的态度，导致了大部分商品卖不出去。并表示，作为公司的经营者，以后要进一步提高自己做决定时的精确度。

但是玉塚元一这番反省之词并没有得到柳井正的谅解。当初柳井正将优衣库交到玉塚元一手上，是因为他觉得年轻人应该更加富有挑战精神，结果在面对必须要突飞猛进的机会时，玉塚元一却没有选择一鼓作气地前进，而是选择了稳健发展的策略。这让柳井正十分不满。尤其在开设大型优衣库PLUS分店时，柳井正认为玉塚元一在这件事上缺乏积极性，导致了优衣库失去了最佳的扩张机会。

尽管玉塚元一在这段时间里做到了稳健成长，可是他并没有带领公司获得更大的成功。这与柳井正的期盼完全不同。柳井正是个激进派。每年一进入12月份，柳井正照例就要开始思考应该在新的一年开始时给员工们传达些什么信息。每天他都会记下一点自己的小想法。在新年伊始，柳井正会给所有的员工们发一封电子邮件，邮件的内容便是自己记录下来的那些话。他希望每个员工都能够认真看一看这封信，从中体会到未来一年公司的发展方向究竟在哪里。最重要的是要明白一点，优衣库始终是在向着梦想一直努力，而不是在原地停滞不前。

但玉塚元一却是保守派，他经营的优衣库，不是柳井正想要的结果。柳井正无法容忍这样安逸状态下的发展，这与他一直拼搏的目标相差甚远，也不是他想象中的优衣库应该保持的本色。他希望玉塚元一能够理解自己的期望，也希望全体员工能够明白自己的苦心。

优衣库是不能停下前进的脚步的，柳井正的话像是警钟一样在玉塚元一的耳边响起。这让玉塚元一不得不认清一个现实，没有任何成果的经营，就是失败。

优衣库不是便宜货

真正让柳井正燃起重新执掌优衣库的念头，是他与玉塚元一关于一次广告策略产生的严重分歧。当时整个公司的表现令柳井正觉得，如果公司再按照玉塚元一的方式发展下去，就会自取灭亡。

令他们产生分歧的广告战略，是关于向消费者标明"优衣库不是便宜货"的。这么多年来，优衣库一直背负着"便宜货"的名号。不论在哪个国家开店，便宜货都代表着是被淘汰的垃圾。一直以来，优衣库的每一款热销产品，都是因为其以低于市价的水平销售，所以难免会让人对此产生"优衣库就是便宜货"的想法。因此，在没有产生购买行为前，低价格在造成吸引力的同时也同样会造就抵抗力。没有人愿意去买看起来掉身价的服装，这不仅仅是面子的问题。

因而，优衣库一直追求的"价格便宜"的概念，恰恰也是柳井正最害怕听到顾客说的一个名词。他说，价格便宜其实只是噱头，消费者被拉进了店里后才能明白，优衣库的价格虽然便宜，但质量却并不会因此而打折扣。但在消费者的印象中，"优衣库等于便宜货"的迷思曾一度占据着主流思想的位置。

以摇粒绒为例，1900日元的价格是当时任何一家经销商都不敢去想象的事情。优衣库的终极使命是，以最低的市场价格为消费者提供最高的商品质量。柳井正最受不了的事情就是优衣库被贴上"低价"的标签，这就等于是顾客完全没有意识到优衣库的身上也有"高质"的标签。单单看重一个而忽略了另一个，这根本就是对优衣库的侮辱。

柳井正当然知道，优衣库以低价赢得了消费者的青睐，可想要改变这一偏见，并不是那么简单。甚至还有不少消费者认为，优衣库以如此低的价格进行运作，他们的产品背后一定有猫腻。尽管从服装质量上根本找不到可以挑剔的地方，但这无法让人们破除怀疑。有人说，优衣库的衣服都是被人挑剩下的，因此才会卖得如此便宜。毕竟，摇粒绒上市的时候，优衣库打出来的第一张牌就是低价，人们会这样想一点都不奇怪。

柳井正曾试图澄清这一点，他说："优衣库的商品卖得再好，如果只是因为'价格低廉'，对公司的未来也是没有一点好处的。"言外之意是，我们虽然有着更低的价格，但不代表我们是更低的质量。低价是进入人们视野的首要标签，但摇粒绒能够持续热销三年的时间，又怎么可能仅仅只是因为价格低呢？在行业内，想要做到比优衣库的价格更低并非难事，真正难的一点在于，既要做到价格低，又要做到质量有保证，两方都平衡了才能够获得消费者的青睐。

柳井正更着重强调："我们想做的不只有'便宜'，更是有特色的衣服。"价格便宜只是一个方面，一家店铺是否能够长久经营下去，最终是要看其是不是能够满足消费者日益变化的需求，而不是单单只用低价来遮盖自己身上的千疮百孔。

然而，现实的情况依旧显得很严峻。媒体总是试图从自己理解的层面上来解读优衣库，但结果往往会与现实相差十万八千里，消费者在很大程度上容易受到媒体的误导。这就使得所有的事情都将变得更加难办。现在，一提到优衣库，消费者关心的事情就是其服装的价格到底会低到什么样的程度。柳井正担心，如果这样的思路长期发展下去，一旦某一天优衣库的价格没有达到消费者的预期，那个时候的优衣库还能够热销吗？

为了终结"优衣库就是便宜货"的迷思，柳井正认为有必要在公司内部展开一场变革。但玉塚元一却觉得根本就没有必要这么做，优衣库的价格便宜是事实，经营者没有办法管住消费者的嘴巴。除非优衣库改变经营策略，如此才能让低价的诱惑彻底消失。

但柳井正还是想要尝试一下，他不相信消费者仅仅只是因为价格低才来优衣库购物的。于是，在2004年9月底的一份报纸上，柳井正刊出了一则"优衣库放弃低价"的宣言。在宣言中，柳井正说明了优衣库为了控制产品的生产成本而做出的一系列努力。最终的结论是，尽管优衣库的服装是以低价出售，但并不代表优衣库的服装是低质量的。而且，优衣库也绝对不会仅仅满足于低价的现状，柳井正想要的未来是优衣库能够以高质量来赢得口碑，低价只是霸占市场的一种策略而已。

令柳井正没有想到的是，当这个广告在公司内部一经提出后，除了他自己和广告策划人以外，几乎引起了全公司员工的反对。对柳井正而言，这并不是一则普通的宣传广告，在这个广告中，表明了公司今后的发展战略和方向，是公司做出的重大决定。可是面对这样的重大决定，大家却一致采取了抵制的行为。这件事从表面上看来，仅仅是一次方案没能得到大家的认可，但实际上却反映了当时公司每个人的真实状态，那就是大家都认为"现在这样就很好，没有必要进行改革"。

这个现状让柳井正感到焦虑。他再次像自己做社长时那样，到各个工作现场巡视。巡视的结果让他十分痛心，他发现大家都忘记了曾经拥有的挑战精神，患上了大企业的通病，大家都不再想着怎样继续前进，而是想着如何维持好现状，然后等着退休养老。这是"稳定发展"思想下产生的后遗症。如果公司每个人都抱有着稳步发展的想法的话，优衣库就会在这场竞争中彻底输掉。在销售额急速下跌而优衣库的名气却越来越大的这一时期，柳井正认为，优衣库需要的是挑战，而不是"养老"。

于是，柳井正提醒每一个员工说，不要只是把目光放在优衣库的当下，要知道，这家看似不起眼的公司将来是要和GAP、H&M、ZARA这样的世界级对手打擂台的。如果一旦产生了"这样做就够了"的心态，这就已经证明是在消极怠工了。

虽然柳井正曾不止一次肯定过玉塚元一所做出的努力，但是玉塚元一还是感受到了柳井正对自己工作方式的不满。于是，在2005年7月份的第四半决算的发布会上，玉塚元一提出了辞职的意向。

重掌江山

玉塚元一其实很不幸，在这个节骨眼上接下了柳井正的接力棒。当时优衣库面对的最大危机是如何保持自己的市场份额，而不是去争取更多的江山。玉塚的做法固然有些保守，但正是因为这种保守的做法才让优衣库平安渡过了这一段困难时期。

但柳井正却认为，最好的防守方式便是攻击。一个人、一家公司如果失去了攻击性，就彻底失去了存在的意义。所以，在沉寂了两年后，面对优衣库日趋下滑的态势，柳井正再也坐不住了。

他要重新出山，一图自己的优衣库霸业。

面对玉塚，这位即便没有功劳也有着许多苦劳的年轻人，柳井正语重心长地说："我本以为玉塚引领的年轻经营团队，应该是极具挑战精神的，所以才把董事长一职让位于他。然而，不知是性格原因还是成长环境太过优越，玉塚却更倾向于稳妥的经营方式。有时在突如其来的机会面前未能放手一搏，在大型店铺的开店策略、宣传单的发放方式等方面跟我的意见也有相悖的时候。"正是如此，柳井正意识到了玉塚作为经营者的不足。

柳井正也很清楚，优衣库是自己一手创办起来的，这就像是自己的孩子一样，他会不顾一切地让孩子去拼个头破血流。但玉塚只是被任命的管理者，他上要对得起优衣库的开拓者，下还要对得住优衣库的所有员工，夹在中间的位置，玉塚的基本任务就是不让公司陷入经营困境。不冒险，自然就不会有困境，这成了困扰他创新经营的死局。

柳井正从来不认为自己会看错人，即便玉塚和他的经营思路完全不一样，柳井正也对玉塚的工作给予了极大肯定。毕竟，玉塚身上的才华不会因为这一点小瑕疵而被掩盖掉。柳井正自认为属于激进派一列，他并不想优衣库仅仅只是作为一个普通的购物商场存在于日本市场。在柳井正看来，若不积极进取，那么整场经营活动都是失败的。他和玉塚深谈了好几次，最后玉塚辞去了社长的职位。

虽然从玉塚手中拿回了优衣库，但柳井正仍希望玉塚能够担任刚刚收购的欧洲一家分公司的董事长。等若干年后重返日本时，柳井正会给他提供一个满意的职位。可玉塚最终还是拒绝了，他选择了离开。

并不是说玉塚和柳井正两人之间因此而结下多少仇怨，关键的问题在于，玉塚认为自己和柳井正的经营思路已经完全不同了，这是两者在一起共事的基础，如果没有这个基础做保证，大家谁都不会开心，更不会做出好成绩。离开后的玉塚元一与泽田贵司合办了一家公司。其实，泽田贵司当初离开优衣库并不是真的想要自己开办公司，只是因为当时公司的情况，泽田贵司认为只有柳井正才是最适合做社长的人，但是柳井正却一心想要完成自己做投资人的理想。无奈之下，泽田贵司才选择了辞职，并推荐了玉塚元一。现在玉塚元一也离开了优衣库，泽田贵司才真正生出了开办公司的念头。

2005年9月，离开不到两年的柳井正，再一次成为迅销公司社长，同时兼任会长。

优衣库应该是一家什么样的公司，恐怕就像是对莎翁戏剧最经典的解释一样，一千个人的眼中会有一千个不同的优衣库形象。柳井正没有权利去要求所有的人都和他一样抱着同样的想法和经营思路。他只是觉得优衣库本应该是一家成长的企业，是不断往上的，而不是在原地踏步。在激烈的市场竞争中，不前进就等同于是后退。

既然重掌了江山，他就必须让优衣库做出改变。

于是，大刀阔斧的改革开始了。柳井正自己也知道，想要让优衣库一直保持前进的状态是不可能的事情。尽管公司一直在面临失败，甚至到现在为止的胜算大概只有一成左右，但柳井正坚信优衣库能够走得更远的根本原因，就在于优衣库人的不断尝试和冒险。

也因此，柳井正很喜欢把自己比喻成为服装行业的猎人，虽然已经上了年纪，但他依旧目光如炬。就像是《老人与海》中的主角一样，只要他还抱有一份信念，就不怕赢不来自己的成功。柳井正最喜欢的一句话是："不会游泳的人，就让他溺死吧！"在服装业的大海中，他最愿意扮演的便是那位固执老人的角色。

当时的日本媒体针对柳井正复出这件事所做的大篇幅报道是《优衣库早就习惯了失败》。柳井正毫不客气地反击道："只要不至于致命，我认为失败也无所谓。因为不去做，就永远都不知道结果如何，在行动前考虑再多，都是在浪费时间。只有实践，才能出真知。"言外之意已经很明显了，柳井正要做给全日本人看，让所有人都知道柳井正和优衣库不是随随便便就能够被击垮的。

新的领导班子

在日本的企业中，像柳井正这样从公司经营一线退休后，又再次复归的情况是极为罕见的。唯一的先例，发生在日本物流业的第一大运输公司YAMATO。当时YAMATO的创始人小仓昌男从会长的位置退休后，只是担任着公司的顾问。但是因为公司内部出现了震惊日本的隐瞒货物运输事故事件后，小仓昌男才以进行"大扫除"的名义，重新回到了公司，直到公司的业务恢复正常，小仓昌男才"功成身退"。

虽然柳井正的"回归"与小仓昌男的性质不同，但是他们的目的都是一样，那就是不能眼睁睁地看着自己一手创办的企业偏离了自己预计的发展轨道，完全向着相反的方向发展。回归后的柳井正做的第一件事情，就是确定公司发展的目标，即从2006年起，在三年内投资3000亿到4000亿收购三家公司，然后争取在2010年销售总额实现1万亿日元。除此之外，在回归后的两个月时间内，柳井正还对优衣库做出了一系列改革，并大胆地将原来的股份公司迅销公司和优衣库分离开了，从而让优衣库成为一家专门经营服装品牌的子公司而独立出来。同时，优衣库在人才管理上也采取了更加灵活的方式。但即便如此，在后来的三到四年中，依旧有许多优衣库的高管选择了离开。优衣库高层人才断层的现象变得越来越严重。似乎只有柳井正的职位是长久的，其他董事的职位都像是流水的散兵一般，一波接着一波地换，只是总也不得柳井正的心。

如此一来，他不得不开始反思自己的管理思路是不是存在问题。

为了发挥各个董事的专长以及增加他们的责任感，柳井正在发布命令的时候都要经过董事们这一关，经过他们认可后再由各个负责人传达下去。这无疑已经和柳井正当初的经营理念相背离了。随着这种模式的深入，人才流失的问题不但没有得到解决，反而出现了互相推诿责任的坏现象。

柳井正决定亲自到基层去察看一下自己下达的命令的执行情况。

在和现场销售人员的一番沟通交流后，柳井正找到了症结所在。原来，在优衣库向外扩张的过程中，整个机构越来越庞大，甚至出现了各自为政的局面。这就像是一头体重超标的大象一样，尽管头脑依旧灵活，但四肢已经无力去听从头脑的指挥了。

柳井正明白，现在优衣库要做的是减法，而不再是排列组合。只有精简到最原始的组成模式，下达的命令才能被顺畅执行。之后，柳井正提出了"现场·现物·现实"的工作目标和方法。一切都以销售现场为基准，就连自己做出经营决策也不例外。他的目的是要充分调动起优衣库上下全体员工的工作热情和潜能。

经过一系列的改革，"委托式执行董事制度"被建立了起来，董事会权限中的监督公司经营职能和公司经营的执行职能被分离开来。董事被赋予了监督公司经营的职权，而公司经营的执行权则交给了新设立的委托式执行董事。这样一来，分工就十分明确了。

其中新的委托式执行董事中，有很多是柳井正从别的公司"挖"来的。他们分别是年龄为41岁的胜田幸宏、46岁的贺诚、45岁的松下正和47岁的发田聪。胜田幸宏曾经就职于日本的伊势丹百货公司，后来又进入了美国Barneys百货连锁公司，有十分丰富的零售企业管理经验，所以进入优衣库后，胜田幸宏主要负责商品开发部门。贺诚一直在汽车行业工作，曾担任美国最大的汽车零件商日本公司的副社长，后来又担任三菱汽车人事部门的负责人，进入优衣库后，贺诚主要负责生产部门的主要事务。松下正和发田聪在进入优衣库前，也同样就职于汽车行业，他们分别负责的是法务及人事部门和人才开发部门，来到优衣库后，他们继续发挥着自己的长处。

经过一番协商后，柳井正和他们每一个人都签订了一份目标管理单，在这份管理单中，包括了董事们一年都要做什么、做到什么程度、负责的工作范围、项目等。作为支撑着优衣库的新领导班子，他们四人来自不同的企业，有的在进入优衣库之前甚至都没有接触过服装零售业。有人认为柳井正这样的选才方式太过于冒险，但这却是柳井正经过深思熟虑后所做出的决定，他并不在乎他们相关的工作背景，也不在乎他们的年龄有多大，只在乎他们是否能够为企业长远发展做出考虑。只有做到了这一点，在做任何决定时，才会将公司放在第一位。

四十多岁就成为公司的执行董事，这在日本的企业中不多见，几乎大部分企业都不会选择这么年轻的人作为公司的高层管理者。而柳井正搭建的新领导班子，他几乎是里面年龄最大的一个人了，其他主力人员年龄都是二三十岁的年轻人。之所以这样器重年轻人，是因为柳井正十分向往高科技公司里的模式。在高科技公司中，大多都是年轻人，他们每个人都怀着不同的想法去做事，很清楚自己究竟在干什么，既有想法又有目标。

如果优衣库也能这样去发展，那么还愁出不了傲人的成绩吗？从20多岁接管父亲的西装店开始，这一路走来，柳井正一直都在打破日本企业的常规，成为一个独特的存在。他要打造出一个新型的企业，只有这样才能长久地生存下去。

与东丽合作

在日本的纺织业内，东丽集团的名号几乎家喻户晓，因为它是日本最大规模的合成纤维制造商。但是一直以来，东丽的纤维生产一直处于低收益的状态，就像鸡肋一样，食之无味弃之可惜，但是在进入21世纪后，东丽的纤维生产却表现出了死而复生的生命力。而改变这一切的，就是柳井正。

最初优衣库的摇粒绒都是从美国一家叫作莫尔登米尔斯的厂家特制的。莫尔登米尔斯制造的摇粒绒服装可以说是独一无二的，在质量上没有任何问题，优衣库也成为日本国内第一家进口摇粒绒的公司。当时的销售价格也有两个不同的标准，一个是1900日元，另一个是4900日元。

很快，柳井正就发现，已经被定下来的促销价格再也没有办法提升了。于是干脆一不做二不休，他索性把所有摇粒绒的价格都定在1900日元，从而给消费者让出了更大的利润空间。薄利多销的方式，依旧可以让公司尝到不少甜头。

久而久之，再从莫尔登米尔斯进货，就显得有些得不偿失了。柳井正不得不把目光转向中国生产商。经过一番讨价还价之后，生产摇粒绒的合同就签了下来。但是面料从哪来呢？其实日本纺织业一直以来都密切追逐着高新技术纺织品的研发动态。对柳井正来讲，在日本找到一家优秀的衣料生产厂商进行洽谈并不是难事。但作为一家新型的零售卖场，柳井正希望能够通过自己的努力来让全世界的人都知道日本的制造技术是精良的，日本的衣料也是特别棒的。

这样就势必要和优秀的企业去合作，就在这时，柳井正偶然从《日本商业周刊》上看到了这样一篇报道："作为一项全球化事业，纤维生产还有上升的空间。"这句话出自东丽的创始人前田胜之助之口。东丽公司创立于20世纪60年代，经过10多年的惨淡经营后于20世纪70年代展开了多元化的经营模式，产品的销路一下子被打开了。到1986年的时候，东丽公司的营业额已经突破了1万亿日元，成功坐上了世界第一碳纤维厂商的宝座。

前田说这句话时，日本的纤维产业受到了亚洲其他新兴的工业化国家的挤压，已经成衰退之势，很多纺织企业都退出了纤维生产的领域，但是东丽却一直在坚持着。这让柳井正看到了一种"绝处逢生"的勇气，也让柳井正产生了一种"英雄所见略同"的惺惺相惜之感。于是，柳井正怀着忐忑的心情拜访了东丽公司的董事长前田胜之助先生。

在洽谈的过程中，柳井正向前田胜之助提出了两个要求，一个是希望东丽能够成立一个专门负责优衣库的部门，另一个是希望由东丽的社长直接管辖这个部门。没想到前田胜之助先生竟同意了柳井正所提出的这两个要求，不到一个月的时间，专门负责优衣库的部门便在东丽集团内部成立了。这让柳井正有些喜出望外。

2005年，东丽当时的社长榊原先生，到优衣库进行了一次"管理人员养成讲座"，柳井正以此作为契机，提出了想要与东丽正式达成战略合作伙伴关系的意愿，而这意愿也恰恰是东丽集团的所想。

从此以后，优衣库和东丽就实现了从原材料到最终商品的全面合作，他们开始朝着同一个目标努力。这是一种前所未有的新商务模式。因此，在真正的合作过程中，遇到的困难也不计其数。

东丽集团一直面对的都是各大小厂商，以企业与企业之间的交易为主。而优衣库面对的是顾客，是以企业与消费者之间的交易为主。这导致了两家分公司之间衡量效率的标准出现了偏差，东丽是以"月"作为考核和结算单位的，而优衣库则每周都要进行考核和结算。

显然，习惯了每周都知道工作进度的柳井正有些受不了东丽的工作效率，总是在彼此刚刚沟通后不久，就追着东丽的负责人问："有什么进展吗？"而东丽公司给出的答案永远是"才这么短时间，能有什么进展？"

这几乎成了优衣库和东丽之间最经常出现的冲突，但是双方又不愿意放弃彼此这个合作伙伴，无奈之下，只能选择法律手段来束缚对方。然而，每次开展"项目开发"会议时，双方的代表都会在会议上唇枪舌剑，火星四溅。但好在这样的磋商过程让彼此双方逐渐有了默契，意识上的摩擦也减少了。

对于优衣库而言，要开发出能在世界服饰界占得一席之地的产品，要保证商品的供给，就必须要与全世界首屈一指的纤维生产商合作，这样就能从材料的原始阶段就开始设计产品，从而拉开与其他公司的差距，而这个角色非东丽莫属。而对于东丽而言，与优衣库联手，能够让自己发挥出全球化、整合化和全种类的三大优势。

所以，优衣库的发展离不开东丽，东丽的前进也离不开优衣库。能够将零售商和制造商这样紧密地联合在一起，也就柳井正能够做到了。

梅开二度

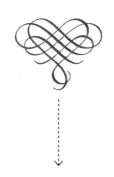

东京银座上的绽放

在日本，没有人会对东京银座感到陌生。这里是东京最繁华的街区，17世纪以来，东京银座就开始以堆砌各种各样的高级购物店而闻名岛国上下。这里不仅是东京的代表性地区，甚至还是全日本最繁华的商业街区。

一提到日本，很多人的印象不外乎有三点——富士山、樱花，还有那个繁华的东京银座。就像是到了巴黎一定要去香榭丽舍大街，到了纽约一定得去第五大道一样，东京银座是来东京游玩的人们必不可少的逛街购物之处。优衣库能在这里开设店铺，等于是完全把自己钉在了时尚潮流的最顶端。占据了东京银座的天下，整个日本便都不在话下。

这不是最近一两年之内才产生的想法。在银座开店，是柳井正一直都在考虑的事情。只是之前，尽管资金已经准备充足了，但经过实地调查之后发现这里竟然没有符合优衣库开店标准的好位置。为了以最完美的形象示人，柳井正决定暂时延缓在东京商业区开旗舰店的脚步，他把目光放在了大阪的心斋桥购物区上。

东京银座自此便成了柳井正的一块心病，不把这里拿下来，优衣库在日本就还留着遗憾。如果无法霸占日本市场，进军国际市场时也还需要时常担心着国内后来者的威胁。若对成功没有绝对的把握，盲目冒险的结果只有失败。

这和柳井正提倡的变革精神其实并不冲突。

大阪的心斋桥地区也是日本国内知名的商业区，此时这里已经有许多精品店和专卖店存在，逛街购物的人群从早到晚都川流不息。不论是大型的百货商店还是面向老百姓的小型杂货铺，只要消费者能想到的店面这里应有尽有。只是若和东京银座比起来，这里的经营模式更符合日本传统的风格。东京银座虽说也是日本本土的商业区，但能够在高度发达的东京银座开店，就足以证明优衣库有着比肩法国巴黎、美国等地区时尚潮流水准的高度。

柳井正依旧认为，心斋桥和东京银座根本不可同日而语。

况且在当下，在人们提起优衣库的时候，从没有人会想到在东京银座也能够见到。似乎优衣库只是在一般发达的地区出现，尽管它打着时尚休闲服装的旗号，但想要把它和东京银座关联起来确实还有些难度。柳井正正是看中了这一点，既然人们都认为在东京银座开店是时尚的象征，那么优衣库就要在这里开店，优衣库就要代表日本的时尚潮流。

这样做，压力也是很明显的。如果在东京银座失败了，那结果一定会很难收拾。柳井正预想的成功是，优衣库可以借助东京银座的推动力来抬升自身的国际知名度，因而这是一场根本就不容许有失败因素掺杂的大冒险。

在和这一地区的店铺租借商交流沟通后，优衣库终于签下了店铺租借的合同。之后，便是对银座店的各种装修、设计的工作了。柳井正把这个重头戏交给了国内外的六家公司进行竞标，最后中选的是在东京享有国际盛誉的KDA设计事务所。一切准备就绪，剩下的事情就是等待，等待优衣库在东京银座上的华丽绽放。

2005年10月，在柳井正重新接管优衣库不长时间后，银座店终于开门营业了。和之前预想的情况一样，这间全日本的旗舰店成功地吸引了来自全世界消费者的目光。凡是到东京银座购物的人，必定去优衣库旗舰店挑选衣服，甚至还造成了一番"到东京必去银座，到银座必去优衣库"的奇迹。

借助于东京银座的影响力，人们从来不认为自己在东京银座优衣库店买到的服装是"便宜货"。优衣库不再是廉价促销的代名词，仅仅因为东京银座，它转身就变成了日本潮流时尚的新坐标。

一些对优衣库保持着敌对意见的人，总是喜欢出来故意放上两声鸟炮。他们说，优衣库的这种做法完全是在赔本赚吆喝，一个廉价仓库在东京银座开店，只赚到了宣传，却赔掉了更多。

这句话其实只说对了一半。柳井正在东京银座开店，确实是在赚取吆喝，但并不是要做赔本买卖。想要赚钱，银座店就必须要有比其他优衣库店铺更大的销售量来做保证。一番市场调研后发现，在以女性消费者为主打的银座卖场中，优衣库只有把女性的概念放在最显眼处，才能够抓住消费主力军。因而，银座店也是优衣库为数不多的以女性消费群体为主要对象的店铺之一。

在普通的优衣库店铺中，男女携手进店后会自然分向两边，各自逛各自的服装。优衣库店内的男女服饰有着同等的天地，这在世界范围内的服装界都是创举。一番选购后，很多时候都是男方比女方买到的衣服还要多。虽然柳井正强调优衣库店铺不应该有男女差别，但特殊情况仍需要特殊对待。只有更灵活地改变经营方式，才能达到适者生存的目的。这也是银座店成功的经验之谈。

况且在当下的日本，女性群体已经具备了相当的购买力，这恐怕也是银座店转变优衣库形象的一大原因所在。银座店像是一剂给力的强心针一样，把半死不活的优衣库完全推向了时尚巅峰。

每走一步，柳井正都会受到各方质疑，但他早已不为所动，他知道，在这个充满了创造力的世界里，数字并不能说明全部问题。只要有热情和意志力，成功永远都不曾远离。

Heattech色彩奇迹

玉塚元一在接替柳井正的职位后，遇到的最大尴尬是没有研发出可以代替摇粒绒的畅销品。摇粒绒的热潮给优衣库究竟带来了多大的影响力已经不用再去细说了，当这样的标志性服装退潮后，没有后续产品跟进，才是最大的败笔。

在这种形势下，优衣库不得不把工作重心转到幕后策划上。金融风暴尽管惨烈，但只要能够研究设计出一款足够吸引人眼球，同时在质量上又有着上佳保证的服装，优衣库就能在瞬间再现当初的辉煌。

于是，秉持着摇粒绒的思路，Heattech发热内衣横空出世了。

和摇粒绒有着异曲同工之妙，Heattech材质最初主要被用于制作冬季运动衣。用Heattech材料制作的衣服通过吸收人体的汗液而产生水蒸气来自发热，从而帮助人体抵抗冬季的严寒。Heattech服饰是贴身穿的内衣，再寒冷的冬天，只要穿上一套Heattech的内衣，外面再罩上一件T恤衫就足够了。

这绝对是个创举。单单修身这一个卖点就深得年轻消费者的青睐。对比之下，Heattech服饰比摇粒绒更具有吸引力和科技感。

在优衣库的Heattech服饰成功上市前，市面上贩卖的Heattech材料制作的衣服售价大多在4000日元左右。优衣库想要做到的当然是低价格，只有如此才能对消费者形成更大的吸引力。但结果却事与愿违。尽管是用优衣库的内部工厂进行生产和销售的，但依旧无法把Heattech服饰成本降到最低。也就是说，优衣库贩卖的Heattech服装和市面上的同类型服装相比，并没有价格上的优势。如此一来，拿什么去吸引消费者的眼球呢？

此时，只剩下唯一的一个突破点。市面上的Heattech服装常常被称为"阿婆牌卫生衣"，原来这些Heattech服装因为特殊材质的问题总是显得硬邦邦的，并且在款式上也缺乏足够的流行色彩。如果在东京的时尚街头看到穿Heattech服装的人，这个人的年龄一定在50岁以上。50岁以上的人，又怎么会来优衣库购买休闲时尚类的服装呢？

现在市面上的服装存在着缺点，就意味着还有进步的空间。创意部门经过彻夜研究和改革，终于找到了方向。优衣库的研发工作只有一个目的，重新改良Heattech服饰，为其赋予全新的具有足够吸引力的色彩，重新激活Heattech的生命。最后得出来的结论是，把Heattech服饰用"色彩"来定义，让这种高科技的服装不但具有保温的功能，穿上后更可以显出时尚的概念来。

优衣库还破天荒地为Heattech内衣加进了保湿功能，在穿着Heattech内衣的时候皮肤也不会过于干燥。这个进步已经相当巨大了。主管着优衣库女性商品部门的白井惠美小姐说："Heattech的成功，最为关键的因素就在于保湿性。因为冬天不只会冷，空气干燥还会让肌肤发痒，所以开发不仅能保暖，还能保湿的衣物，是我们的第一步。"

2006年，东丽的石川工厂为Heattech专门新设了一条原丝生产线。这在东丽悠久的发展历史中是绝无仅有的举措，足以见得东丽对优衣库的重视程度。有了专门的生产线，再研发起产品来，就更加方便与快捷了。于是很快，Heattech在保暖保湿的功能基础上，又增加了抗菌、干爽、防静电等性能，另外，在手感与舒适度上也进行了不断提升。柳井正让一款保暖内衣，像电子产品那样，实现了不断更新换代的生产，但令人称赞的是，价格却始终保持不变。

仅仅只是色彩上的变化，瞬间就改变了人们——尤其是年轻人对Heattech服饰的传统看法。优衣库一改传统内衣单一的款式和色彩，让Heattech内衣真正变得色彩缤纷起来。人们的眼球早就被这些五彩斑斓的颜色吸引住了，再没有人去关注标签上的价格到底几何。好看，变成了最终目的。奇迹再一次袭来。冬天还没来，Heattech服饰已经脱销了。日本媒体把Heattech服饰评为优衣库自摇粒绒时代以来最好的商品。这样的赞誉一点都不为过。

Heattech服饰的热销像是好彩头一样引起了一连串的蝴蝶效应，迅销公司的股票价格也因此走出了低迷的状态，给经济危机下的日本股民们看到一丝苏醒的希望。柳井正说："只是一点点想法的改变，就能让商品的可能性无限扩张。所以我们必须从头开始，保持着热情去思考和研究，寻找商品热卖的各种可能性。"回想Heattech最初在日本市场上的境况，一年的时间内还卖不掉10万件。优衣库只是改变了一点想法，只用一个小念头就让Heattech服饰成功地突破了千万件的销量。单单说这是奇迹未免过于武断。柳井正更愿意把所有的功劳都归结到优衣库全体员工的身上，他很感谢这些员工们的默默付出，公司发展到今天，和每一个员工的努力是分不开的。

能从低谷中走出来，绝对值得庆贺。面对媒体的采访时，柳井正甚至会当面推销起Heattech的服饰来。他坚持认为，这么好的创意如果不进行大规模生产的话才是真正的浪费，是对消费者的不尊重。只有站在消费者的立场去考虑问题，才能有成功的希望。这是柳井正说出的一句成功哲理。

打造自选罐装UT

相比在国际时尚休闲服装业以T台风著称的H&M和ZARA两位前辈，优衣库的"潮"有着自己的特色。既不能够放弃任何一个流行元素，还必须保持和这两位前辈的足够区分度，同时还得做到奇兵制胜，留给优衣库可以走的道路其实并不宽阔。

优衣库主打的品牌是专业T恤品牌——印花UT。

UT，即UNIQLO T-SHIRT，是"优衣库印花T恤"的简称。这是优衣库创造出来的一个全新的独立品牌，以印花T恤为平台，融入了全世界各地不同的文化理念，从而创作出带有鲜明地域印记的UT。这是优衣库第一次把地域文化提升到主打品牌的高度，柳井正希望能够通过不同的文化概念来吸引消费者。只有具备吸引力的东西才有市场。

"正如Google和Youtube，优衣库必须提供划时代系统的品牌。一旦完成基础架构，接着只要往里面添加内容，就能成为世界性的商业品牌，更能积极推动各种合作计划。"佐藤可士和对柳井正说。当佐藤说出这句话的时候，柳井正还没有完全明白他要表达什么意思。但柳井正知道自己可以相信佐藤，在他的超合理主义的构想下，必定会做出一个十分优秀的创意。虽然现在还没有人知道这个创意究竟是什么。

T恤是最简单的服装，想要在T恤上搞出花样，看似简单，实则是很难的事情。

但T恤也是极具销量的服装款式。优衣库每季推出的T恤款式就达五百种之多，这种以数量取胜的方式存在着一个很大的劣势。量贩让T恤变成了随时随地都可能撞衫的衣服，这几乎是不可避免的事情。

而且，随着T恤种类的不断增多，卖场内也容易造成管理混乱，想要在短时间内为顾客找到其喜欢的款式变得越来越困难。能否解决这个问题，成为制约T恤销量的瓶颈因素。

佐藤提出的建议是改变陈列方式，他认为单纯的并排方式没有震撼力，店铺陈列应纳入设计概念，以传达更强烈的信息。

在新旗舰店开业的时候，佐藤做出了一个令所有人都惊讶不已的罐装UT创意。在佐藤的设计下，同种款式和尺码的UT被整齐地放在一个大罐子里，罐子外面有供消费者试穿的样品，只要消费者试穿后觉得OK，就可以打开罐子直接从里面拿出一件T恤到柜台付账。

罐子是透明的，这样一来，既没有丢失掉展示功能，同时又省去了营业员翻箱倒柜去找合适尺码衣服的时间，让整个店铺看起来更整洁，消费的舒适度也大大增加了。

2007年4月，完全采用佐藤罐装UT设计概念的旗舰店在原宿开张。店内的整整一面墙上陈列有500种T恤，气势非常逼人。卖场的每一层都有UT检索机，消费者只要随便触摸一下屏幕，就能够在电脑模型的身上随意搭配自己喜欢的衣服，然后便可以直接走到大罐子前拿出衣服付钱走人。

这让整个购物过程完全实现了自助，柳井正觉得自己梦想中的优衣库到现如今才真正现实了。这种罐装UT的模式一经推出，立即引发了全国范围内的消费热潮。优衣库店铺内连续数天挤满了大量消费者，人满为患的问题再一次上演。

柳井正并没有就此满足，除了在购物方式上做文章外，为了能够尽量减少T恤撞衫的可能性，还聘请了大量的设计师来为UT设计新款式。在罐装UT前面有两个标签，一个标签上写着对UT材质的介绍以及价格，另一个标签上写着设计师的简介。由此可见柳井正对设计的重视程度。

优衣库的设计师来自世界各地，他们可能是伦敦街头的涂鸦艺术家，也有可能是专门为时尚模特设计服装的优秀设计师。不管设计师的身份如何，只要能够给优衣库带来前所未有的设计体验，就是值得用的人才。这一点，柳井正显得格外开放。

同时，柳井正的时尚嗅觉还延伸到了电影界。最典型的例子是，当迪士尼的魔幻大片《爱丽丝梦游仙境》刚刚在全球同步公映时，UT系列马上就推出了以爱丽丝为主题的全球限量版，这又引起了一阵疯抢。

随着UT的推出和热卖，柳井正在名气略好的优衣库旗舰店还开设了UT博物馆。在这些巨大的博物馆里，消费者可以将自己顾客的身份转换成游客，看着一件件极具艺术特色的UT，每个人在除了张大嘴巴表示惊讶的同时，甚至还能勾起不少儿时的回忆。尤其是以日本史上最伟大的漫画家手冢治虫的作品为创作源泉而推出的漫画系列T恤，更在全日本乃至全球都掀起了一股怀旧风。在UT上，你甚至能看到来自《铁臂阿童木》《怪医秦博士》《多罗罗》《森林大帝》等众多耳熟能详的漫画中的角色。

除此之外，还有来自20世纪六七十年代冲浪文化的"冲浪"系列T恤。印有伟人漫画头像的"伟人"系列中，怀特兄弟、伽利略、哥伦布等熟悉的名字"不幸"成了头号目标。另外，还有"T26""孩童物语""甜点""Los Logos"等，总共多达15个系列、500多款式样的T恤衫。优衣库铁定了心要站在世界潮流的最前沿，本着一切元素皆可为我所用的理念，一步步地把UT系列推向了最高峰。

这些不仅只是UT的设计概念，更是优衣库经营文化的体现。在柳井正看来，优衣库应与其他品牌甚至是其他一流品牌能够自由搭配，而优衣库需要向消费者传达"默默无闻地注重质量"的生产者角色。而在服装中最能承担"沉默者"角色的非T恤莫属了。柳井正认为，T恤是所有衣服里面最简单的产品，却很有潜力成为一个理想的商业模式。

果真，通过简单的设计，UT系列已经变成了一种文化艺术。顾客因为穿着UT而会感到与众不同，这正是优衣库的终极梦想——穿衣服的人才是最终的主角，让每一个顾客都因为优衣库而变得与众不同。

救世主佐藤可士和

优衣库在日本乃至在全球开设旗舰店的过程中，永远都少不了佐藤可士和的功劳，柳井正对此心里清楚，尤其是在美国纽约开设旗舰店期间，佐藤可士和的"超合理主义"真正震慑到了以设计先锋自称的美国人。

2004年11月，优衣库在美国以堂前君为董事长开设了分公司。2005年9月到10月间，优衣库在纽约一共开设了三家新店铺，这三家店的卖场面积平均达到了700平方米。这个数字虽不算庞大，但在纽约想要支撑起三家如此规模的店铺，优衣库就必须有足够吸引人眼球的商品推出来。

况且，纽约人根本就不知道优衣库。如果是在日本，有着前期口碑营销的积累效应，人们会因为优衣库开新店而进来看看有没有自己需要的衣服。但纽约的情况却完全不同。其一，这里的人们根本就不缺新鲜款式的衣服穿；其二，优衣库想要在这里开店，一切都得从零开始。

没有任何口碑基础的优衣库就这样冒冒失失地闯进了美国市场。结果可想而知，这三家店铺不得不全面退出。纽约的失败，给柳井正留下了一道选择题：究竟什么才是扭转现在局面的关键？产品，销售，服务，还是企业识别？

此时，柳井正在一次电视访谈中认识了佐藤可士和，两人见面没多久后，佐藤就以创意总监的身份出现在了优衣库中。佐藤就像是一个救世主，他的出现，扭转了在困境中苦苦挣扎的优衣库。

作为当时日本广告界和设计界的风云人物，其作品可谓是包罗万象，从平面广告设计到产品、空间设计，无不给人一种简单到极致，但是却富有强烈的视觉冲击力的感觉。在一次与麒麟啤酒合作时，他突发奇想，用印有Logo的广告幕布将停在街边的车辆全部罩了起来，使得来来往往的人群全都被这新奇的一幕所吸引，如此简单却又出其不意的方式，令麒麟啤酒一下子打开了知名度。也因此，佐藤被称为"能够带动销售的设计魔术师"。

事实上，所有能够震慑人心的点子，绝不是突然出现在脑海中的，想要捕捉到这一稍纵即逝的灵感，必须要有自己独门的"擒拿术"才行。佐藤所擅长的"擒拿术"是"超级整理术"，在佐藤的办公室内，除了办公必备的桌椅外，就再也没有任何东西了。出门时，佐藤的身上也只带着最低需求的东西。

佐藤认为，任何事情只有回归到最根本的状态，才能从中找出其本质所在。也因此，每当完成一个项目时，佐藤都会强迫他手下的员工将电脑与桌面的资料文件全部整理一遍。起初，大家会对这个要求叫苦不迭，既然已经完成了，为什么还要去整理呢？但很快，大家就从这种整理中发现了设计的奥妙所在，每一个被创造出来的设计，其成功之处，都在于这个设计的本质。而想要拨开设计成果上花花绿绿的"外衣"，只有重新整理过，才能做到。

超级整理术，不单单是佐藤进行设计时才会用到的概念，在给各个上门求助的企业家进行"把脉"时，佐藤也会这样去做。将所有的信息罗列出来，然后继续整理，找出症结所在。柳井正也正是看中了这点，在与佐藤多次交流后，佐藤为柳井正整理出了扭转局面的关键，那就是"企业识别"和"服务"。找到了"症结"所在，接下来就是"对症下药"了。佐藤为优衣库所做的第一项工作，就是设计纽约旗舰店。

此时，因为大量的产品堆积，优衣库不得不对积压的库存进行处理。工作人员找来找去，最后在纽约的SOHO区寻到一个240平方米的小店面，店里没有任何装修，完全是一个毛坯房。这里就被作为优衣库三家店面积存商品的中转地被租了下来。在调查的过程中，柳井正忽然意识到了SOHO地区的特殊性，想必在这里开店应该也是个不错的选择。

纽约城市规划的59个街区中，SOHO并不是一个独立存在的街区，而是隶属于曼哈顿第二区。居住在这里的总人口虽然只有纽约人口总数的1%，且有一半人是年龄在25～45岁之间的单身住户。正因为此，这里的居民平均消费水平才会高于其他街区。

而且，这里还是一片艺术发源地，在逐渐商业化的今天，在纽约已经很难寻觅到商业和艺术结合得如此紧密的街区了。源于这样的背景，柳井正看到了打开纽约市场的另一扇大门。当下，柳井正就决定，在SOHO开一家旗舰店。

选择最合适的地点开店，是柳井正总结出来的制胜法则。

扭转纽约的败局

在纽约经营休闲服饰零售业，优衣库的竞争对手可不少，而且在价格上也占不到什么便宜，并且优衣库一贯打着"自由和民主"的旗号，这对一个时尚品牌而言也有些太过严肃了。在柳井正与佐藤经过多次商谈后，他们商定虽然是纯商业活动，但也要给优衣库披上一层艺术的外衣，这样才能赢得人们的关注。柳井正希望佐藤能够用他的广告创意，向消费者传达这样一个理念："衣服是服装的零件，组合是消费者的自由。"

想要挑战美国的服装市场，优衣库就必须对流行时尚保持高度敏感性。在佐藤可士和的帮助下，优衣库以"超合理主义"的设想轰开了纽约的大门。

优衣库虽然被日本人誉为国民品牌，但在国际市场上其只能算是一年级新生。真正让世界人民开始认识优衣库的起点，源自2006年纽约旗舰店的盛大开业。

2006年11月10日，经过长时间的准备，优衣库在纽约SOHO街区开设了迄今为止最大的卖场。开业当天，柳井正面对媒体，大声发表讲话："现在优衣库所能实现的最高水平的商品、店内陈设和服务，全部都集结在这家代表着优衣库全球化的旗舰店中。"也就是说，这家店铺等同于是柳井正重启国际化梦想的第一站。

一场新的征程正在等着他。

既然是首战，就必须要首战告捷。在店面设计上，佐藤可士和提供了大量的好点子。同时，柳井正还为佐藤可士和请到了大量在当时非常知名的一流设计师来组成一个团队。他希望这个团队能够帮助自己完美地实现国际化的野心。柳井正亲自担任团队的指导工作，佐藤负责艺术指导，在其他几位设计师的全力协助下，SOHO店的任务是要完完全全把"超合理主义"的概念具象出来。

集合了这么多优秀的人才，柳井正不希望新店面像其他几家店铺一样成为哑炮，否则这将会是最大的笑柄。佐藤可士和坚持的是极简主义。在最初装修时，有人提议说要把天花板高高吊起来，这样会使消费者在视觉上有更充足的空间。但如此一来，优衣库便和普通大卖场没有区别了。柳井正说，不要在店面如何装修才能更豪华上下功夫，优衣库真正要做的是商品。只有把商品放在了优先考虑的位置上，才能算得上是真正名副其实的优衣库。

基于佐藤的设计思维，柳井正要求在店铺装修上越简约越好，但时刻要注意，简约不等同于简单。能够把简约做到极致，也是一种美学。简约不是没有设计，而是让消费者在走进店铺后，第一眼就能看到真正打动内心的东西，而不是取而代之的各种烦琐装饰。于是在之后的设计中，大大加重了橱窗和展示柜的比重，甚至很多商品的价目牌也放在了展示柜中，目的就是要让消费者能感受到一目了然的效果。

而设计的最根本在于消费者在店铺中能够产生舒适的购物体验。既然要避免让消费者产生和其他卖场雷同的感觉，同时还必须让消费者觉得来到优衣库后有着似曾相识的感觉。首要的一点是，要在第一时间吸引住消费者的注意力，并且通过合理的设计来展示给消费者不同的意外和惊喜。

柳井正最后与大家讨论出来的结果是，在店铺的入口处设置发光的展示橱柜，橱柜中利用旋转的假模特来全方位展示优衣库的主打服装。从优衣库店面前走过的人群可以对自己心仪的服装进行综合对比，甚至根本就不需要进店，更不需要在自己身上换来换去就能得出自己想要的搭配效果。

这种开放性的设计，让美国人体验到了来自东亚的热情。优衣库的人气在一夜之间飙升起来，纽约旗舰店的成功彻底开启了优衣库走向国际市场的新时代。

值得一提的是，SOHO旗舰店的火爆盛况顺便也带活了其他几家原本经营得并不是很好的店面，优衣库的良好口碑终于在纽约传播了开来。

纽约旗舰店面世时，优衣库的新LOGO也第一次展现给全世界的消费者。佐藤在柳井正的授意下，对原有的标志进行了大刀阔斧的改革，使新标志的字体只是保留了骨架，底色完全变成了纯红。有媒体指出，当看到这个标志的时候第一感觉就想到了日本的国旗。也有人批评说，这样的标志没有很好地融入当地的文化氛围中，而只是在片面强调优衣库的日本文化。柳井正却非常支持佐藤，他不担心外国人看不懂，只要设计能够体现出优衣库的本质，就一定能够在海外释放出强烈的能量。

优衣库需要的是前所未有的张扬，柳井正说他就是要告诉所有美国人，优衣库来自日本，优衣库一样可以做站在时尚休闲顶尖潮流上的佼佼者。

失败的并购

2007年6月22日，持有BARNEYS股份的大股东决定将所有股份卖给阿联酋政府出资筹建的一家公司。只不过在合同上写明了，在一定期限内第三方如果有意愿还是可以提出并购申请的。这个第三方，指的就是迅销公司。

此时，距离柳井正得知BARNEYS百货要被并购已经差不多三年的时间了。BARNEYS是发源于曼哈顿的百货公司，其背后有着来自中东地区的石油公司做背景，而已经被迅销公司成功收购的Theory集团正是BARNEYS百货的供应商之一。

当时，迅销公司研发中心的一位执行官曾是BARNEYS的职员，这一天他得到了一条BARNEYS快要被收购的消息。执行官把这条消息第一时间上报给自己的上司，希望这能够对迅销公司的发展做出一些有益的参考。在柳井正和自己的团队经过一番密谋讨论后，迅销公司立即决定参与到收购活动中。

如果能够成功收购掉BARNEYS，迅销公司旗下品牌进军国际的念头将不再只是梦想。虽说BARNEYS是百货商场，但更确切地讲，其应该是一间精品店。能够摆到BARNEYS柜台上销售的产品，绝对代表着高端品位。现如今的BARNEYS为了要维持自身的品位而陷入了经营危机，同时这也是许多老品牌面临的共同难题。柳井正预想到，如果能够把优衣库的经营模式用在BARNEYS百货上，说不定也能让这家具有悠久历史的公司焕发出新机。因此，收购BARNEYS，对优衣库有着关键性的意义。

其实，早在2004年1月开始，迅销公司就迈开了并购的步伐。当时，柳井正在接受《日经商务》记者的采访时说，优衣库在2010年的销售额要突破10000亿日元。这一年，迅销公司取得了美国Theory集团的经营权。Theory集团旗下的"Theory"品牌在日本有着深厚的女人缘，这可以看作是柳井正迈向10000亿日元目标的第一步，同时，这也是优衣库想要站在世界舞台上的伏笔。

接着，柳井正又并购了National Standard（日本女装品牌）、One Zone（日本鞋业品牌）、COMPTOIR DESCOTONNTERS（法国女装品牌）、Princesse Tam Tam（法国内衣品牌）、Cabin（日本女装品牌）等，但在这个过程中，并不总是伴随着成功。失败随时都会出现，尤其是在人们刚刚获得成功的时候，可能失败就会突然降临。

2005年11月，当迅销公司试图并购Rosner-J品牌作为优衣库进军欧洲的据点时，却把一副好牌砸在了手里。Rosner-J品牌在被并购前，早已经是空有其表了，柳井正为了避免更大的损失不得不把迅销公司持有的所有Rosner-J的股份贱卖掉，为此他直接损失了17亿日元。接着，之前并购的那些品牌，除了来自法国的COMPTOIR DESCOTONNTERS和Princesse Tam Tam业绩比较稳定外，其他的项目都呈业绩下滑的趋势，最后不得不再次出售。

鉴于之前这些成功与失败掺杂的并购经历，此次并购美国BARNEYS百货柳井正十分小心，一早就做好了预算。然而，并购的过程并没有预想的那般顺利。当时BARNEYS卖给阿联酋的售价是8.25亿美元，想要抢到手，就要出更高的价钱，迅销公司把价钱抬到了9亿美元。这已经鲜明地表达出柳井正极力想要拿下BARNEYS的愿望，可现实却是，越想要办成的事情，往往就会遇到越多的困难。

9亿美元遭到了阿联酋方面的拒绝。柳井正把心一横，再次提出了并购申请，这一次提出的价格是9.5亿美元。如果阿联酋方面接受了这一数字，就等于其在短短的两个月中什么也没有做，就从迅销公司赚走了1.25亿美元。但最后的结果依旧不尽如人意。柳井正感到有些窝火，但也只能无奈地退出了并购活动。

然而，福兮祸兮，不到最后一刻，谁也无法说清楚。当所有人都为这次的失败感到遗憾时，大家却惊讶地发现，在近两个月的时间里，因为迅销公司全程参与了并购活动，当地的媒体对优衣库和柳井正的曝光率达到了空前的水平。虽然最后并没有并购成功，迅销公司以及优衣库的名声却悄无声息地传播了出去。

这对优衣库来说，等于是没有花一分钱就做了一份免费广告。柳井正也因为并购BARNEYS的行为，在美国一夜之间成为家喻户晓的人物。

日后BARNEYS的市值在金融海啸中跌得十分惨重。但面对这次失败的并购行为，日本媒体却没有轻易地放过优衣库。他们鼓吹说，优衣库并不具备成长为全球知名品牌的能力，尽管柳井正以优衣库的低价高质为骄傲，且这也是其他品牌无法比拟的优势，但优衣库终是缺乏足够的诱惑力来打动海外市场。

对此，柳井正的回应是"近几年来，我一直都在和世界不同品牌的经营者见面会谈，并且还主动研究过上百家不同企业的经营现状，迅销之所以暂时停止了并购的脚步，不是因为自身没有如此实力，而是还没有寻找到真正合适的并购目标。并购行为并不是股权持有者之间通过尔虞我诈的行为实现资金的转移，真正考验经营者的是并购成功后两家不同企业之间的整合问题。如何把优衣库的理念，完美地融入并购而来的企业中，才是困难所在。"

既往的成功一日便可舍弃，真正具有挑战的是如何做好当下，从而决定是否能拥有未来。这就是柳井正的主张。

低价牛仔裤风暴

在人们眼中，优衣库与ZARA、H&M一样，都走在"快时尚"的道路上，但是仔细研究后会发现，虽然他们都是以带给人们低价、时尚的服装为宗旨，但是柳井正所领导的优衣库与ZARA、H&M却有着本质的区别。

ZARA取胜的诀窍，是在极短的时间内，将时装周上的款式复制下来，然后再以低于世界大牌的价格销售给顾客。因此，ZARA产品的上新速度非常快，而且款式非常多样化。而优衣库的上新速度明显低于ZARA，并且服装款式也略显单一，但优衣库胜在每隔一段时间都会有一件畅销产品出来。从最开始的摇粒绒开始，优衣库先后经历了Heattech等产品的热销，就是这些热销产品，一直将优衣库推向了世界品牌的位置。2009年，优衣库不得不提的一件畅销品，就是"990元牛仔裤"。

确切地说，"990元牛仔裤"并不是优衣库中的产品，而是优衣库旗下的第二个品牌——GU的产品。GU服装公司成立于2006年3月份，当时柳井正鼓励优衣库员工开展了一系列低价营销策略，由此确立了开设一家专门贩卖低价服装的股份公司的策略，GU由此而生。当时很多人持有反对意见，认为这和优衣库的经营策略背道而驰，但柳井正从来没有觉得这样做和优衣库推行的高品质相矛盾。在他看来，开设GU服装公司，既能够继续攻占低价市场，同时也不会影响优衣库抢夺高端市场。

GU公司成立之后，其最大的卖点是"惊人的低廉价格"。GU的店铺最初设立在大荣公司的卖场内，这样的选择也有着定位特殊性。大荣公司创建于1957年，前身为杂货店的大荣公司很懂得以什么样的方式来吸引家庭主妇的芳心。因而，其只用了10多年的时间就超越了日本老牌百货公司成为新的霸主。但在世界经济普遍颓废的今天，大荣公司的辉煌早已不在。如果想要继续把品牌维持下去，就必须对产业进行结构重组。于是在2004年12月，大荣公司终于迎来了这历史性的一天。

当时，为了能够把大荣公司的产权拿到手，迅销公司和伊藤洋华堂联手展开了竞争，但最后的结果并不尽如人意。好在柳井正和接手大荣公司的新任总经理也算是熟人，他向对方提出在大荣的卖场中开店的请求时，双方很快就对此事达成了一致。

很快，GU的一号店在大荣南行德店内顺利开张。其当时定下的最低销售目标是，要在五年的时间里建立起多达200家店面，且销售额要超过1000亿日元。

柳井正深信自己的这一想法一定会变成现实。但人们的热情仅仅只是持续了几天时间，之后逐渐低迷的销售业绩不禁让柳井正感到不安，更让大荣的总经理束手无策。因为把店铺租给了GU，大荣就没有其他可以赚钱的方式了。而柳井正的经营理念根本就得不到大荣公司总部的认同，无奈之下，这位总经理在2006年末因为GU造成的尴尬经营而离开了大荣。

接下来应该怎么办，如何才能够让GU起死回生，柳井正陷入了困局。

在公司会议上，所有人一致坚守的一点是，GU不能够放弃低价，否则就失去了开店的初衷。但低价究竟要低到什么程度，才能够既满足消费者的预期，同时又能够保证公司的基本利润呢？

在这个关键点上，大家开始争论不休。

以牛仔裤为例，市面上销售的牛仔裤价格都在3990日元左右，但GU的价格已经低到了1990日元。有人认为，这个价格可以再下调500日元，如此就能对消费者造成绝对的吸引力。柳井正思来想去，索性一不做二不休，他干脆把价格定在了990日元，给消费者整整让出了3000日元的利润空间。

这个价格让很多人感到惊讶，甚至是震撼。员工们怀疑以如此低的价格销售，公司能不能够盈利。面对质疑，柳井正做出了一番解释：在经济不景气的时候，每个消费者都会摸着钱包消费，如果没有心动的价格，他们是绝对不会出手的。任何一个消费者进店来购物，其实眼睛第一瞄准的是低价格。只有超越了顾客想象的低价格，才能够引发震惊，进而让消费者在第一时间做出反应，甚至完全可以忽略掉款式和质量方面的意见。

员工们对柳井正的做法依旧保持着怀疑的态度，如果没有经过实践证明，他们绝不会相信柳井正说的这一番话。

市场终于给出了肯定的回答。从2009年3月开始进行的低价销售策略让GU所有店铺中的牛仔裤都销售一空，之前长达数月的存货只在短短两周时间里就全面断货。因为990日元的牛仔裤虽然便宜，但在质量方面一点也不逊色，其缩水性和抗撕裂度这两方面的水准，几乎达到了行业标杆水准。

所有人都不会想到，如此低廉的牛仔裤，竟是从Levis、Lee这些品牌的常规生产厂家的生产线上生产出来的。对于全球的服装零售商而言，好的工厂资源是有限的，优衣库在全球的常备代工厂只有70多家，但是每一家都是这个行业里特别好的。

这样的低价，配以这样的高质量，这次成功可谓是注定的。但还是有些超出了柳井正的预算，他不得不临时改变生产计划，以最短的时间从厂家追加了50万条订单来满足消费者的疯狂需求。

这一次的销售活动让同行们大跌眼镜。为了能够从柳井正的手中抢得一杯羹，其他厂家也纷纷降价促销。柳井正笑着说，不是每个公司都能够做到GU的地步。言外的挑衅之意显而易见。因为对柳井正来说，低价永远都只是实现目的的手段，能够盈利才是最终的目的。

为了确保这次低价促销的成功，早在2008年，GU就进行了一系列的内部整合，甚至还成立了一家和优衣库有着相同管理模式的分公司。为了能够让990日元的牛仔裤实现盈利，GU不得不到中国来采购更低成本的原材料，然后到劳动力成本更低的柬埔寨进行加工生产。只有把一切成本都做到最低，990日元才能有足够的利润空间。

这一次的成功让柳井正意识到，想要让消费者乐于消费，首先就必须给出一个能让顾客满意的价格。价格的高低，直接决定着消费者是否能够产生购买意愿。质量反倒是在价格之后才会去考虑的问题。

在低价促销时，如果不能保证薄利多销，那公司很可能就会被自身推行的低价策略带进无底深渊。作为管理者，有的人是属于疯狂型的，常会做出一些带有侵略性的举动；有的人是谨慎型的，甚至对产品的定价无动于衷。

很显然，柳井正知道自己属于第一种经营者，他的疯狂已经颠覆了人们对经营的惯常思路，并且在低价的策略上开始一路狂飙。

[第十章]

新时代的革命

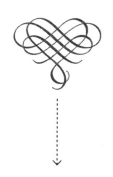

广告新战略

在很长的一段时间里，优衣库一直强调的是产品的低价格，由此也引发了优衣库服装不够时尚的低评价。这对柳井正来说是个很大的打击。尽管他并不想承认，可当时优衣库所有的广告中都充斥着廉价促销的字眼，这样的味道一嗅就能闻出来。

为了改变这一现状，最直接有效的办法依旧是从广告上着手。

在宣传 Heattech内衣时，就有这样一则广告出现在了电视上。广告的题目叫《Heattech内衣——下雪的车站》，这则由演员松田龙平主演的广告，在这一年的冬天掀起了一场Heattech服饰热潮。

广告内容如下：

由松田龙平扮演的站长正要出门上班，此时太太贴心地丈夫说："今天天气冷，一定要把这个穿上。"最初，站长拒绝了太太的建议。他说："这个没有用的，还是不要穿了。"

但太太还是亲手替丈夫把Heattech内衣套在了身上之后，才允许他出门去上班。

镜头切换。

站长站在站台上，搓着稍稍有些冻僵的双手自言自语说："穿上了这件内衣，还真的是管用啊！"

整个广告片中没有出现一句宣传语，但人们已经从演员的精湛表演中意识到Heattech服饰的保暖作用。在英俊演员的诱惑下，不少粉丝纷纷冲进优衣库要购买Heattech内衣。广告准确地传达出了穿上Heattech内衣后不但不怕冷而且还会感觉非常舒适的穿衣体验，这让更多的人通过电视了解到此款服装的妙处。

而消费者在褪去了低价的激情后发现，在寒冷的冬天，穿上一件Heattech内衣后，外面只要套上一件修身的羽绒服就非常暖和了。优衣库的高品质再一次成功地占据了消费者的口碑。这一年出售的Heattech服饰，在11月中旬就已经卖断了货。12月刚到，真正的寒冬还没有来临，优衣库就已经完成了全年的Heattech服饰销售计划。

自此，柳井正意识到，优衣库迎来了广告战略的巅峰期。

广告宣传是很烧钱的事情。广告做好了，一本万利；广告做不好，连成本都有可能收不回来。尤其是让明星做代言时，这看似最保险的一招，但也往往是最不靠谱的一招。保险点在于，明星的众多粉丝最起码能够撑起基本的销量；不靠谱的地方在于，如果商品质量跟不上的话，再好的广告也没用。

优衣库在推出牛仔裤系列时，曾经请来因《死亡笔记》系列而走红的佐藤江梨子与号称"变色龙"演员的松山健一一起合作。优衣库为此推出了一款长达四分钟的广告片，此广告的剧情一点不比电视剧差。当这则广告在网络上播出特别版后，两位明星的千万粉丝更是把点击率推上了制高点。

在明星的广告效应下，优衣库的牛仔裤很自然地实现了畅销的目的；然而，能够保持住畅销度，靠的绝不是换几张不同的明星脸这么简单。除了依旧要保持出色的广告战略外，更要有过硬的质量做保证。

2008年优衣库在推出主打品牌美腿裤的时候，柳井正请到了日本性感女神藤原纪香来做代言。因为明星本身就代表着"时尚""流行"和"品位"等概念，美脚裤在藤原纪香的带动下，很自然地就让观众清晰了它的定位。更难得的是，广告中的藤原纪香穿着优衣库的美腿裤快活地走在街头，镜头一直在着重表现藤原纪香穿上这条裤子之后的舒适性，而不着重去表现价格等老套的因素，一样能够实现产品的热销。

这一广告思路，细究起来还是要追踪到约翰·杰伊的身上。正是这个美国人，给优衣库的广告带来一片新天地。

美腿裤的广告因为有藤原纪香的正面形象做攻城之矛，这一次优衣库没有收到任何的负面评价。这在优衣库的整个经营历史上都是少见的。美腿裤同时还创造了更大的奇迹。一年的时间，美腿裤整整卖出去了100万条。

更难得的是，这则广告更加巩固了优衣库作为潮流符号的位置，同时还开创了优衣库和当红明星互借优势的一个好时代。柳井正从没有把明星作为单纯的宣传工具，认为他们是在替优衣库向所有的消费者做介绍，明星带火了优衣库的服装，优衣库也让更多的人认识到了这张明星脸。这是一种双赢的模式。

优衣库的广告为什么能够这么成功？创意总监田中则之有着自己的看法，优衣库力图在广告中突破人们的想象，不论是最初的低价策略还是当下的明星软宣传，都是在随着社会的变化而不断变革的，唯一不变的就是要突破人们对现有广告的想象和认知。

在优衣库的广告中，最后呈现出来的效果既能把本企业的全新形象展示出来，又能很好地展示出服装的特性且兼具流行性，这是一件很了不起的事情。

田中则之尽管身为广告总监一职，但他发现柳井正有着很多独特想法，他在不干涉广告设计人员创意思维的前提下，总会巧妙地把自己的想法渗透给大家听。柳井正也对广告部人强调，广告拍出来首先是给自己看的，如果连自己都无法因广告而产生购买冲动的话，那又怎么能够让消费者进店购买呢？

在广告设计这件事情上，柳井正终归是个外行人，以外行人的身份来指导内行人，毕竟是行不通的。给广告人和创意人最大的发挥空间，是百分百尊重创意人和消费者的表现。因而，他选择了只做指导意见，尽最大努力不去干预广告创作中的事情。

鉴于日本国内广告行业现存的难以突破的行业规则，优衣库更愿意把广告交给更加熟悉自身经营理念的自己人进行创作。毕竟，在彼此都深入了解对方的前提下工作，远比要花大力气去和外人进行沟通要省心得多。

优衣库自身的广告部门只需要保证一点就可以，那就是不论广告以何种形式出现，永远都不能够丧失优衣库的本真——质量，这是任何时候都不能舍弃的关键点。

超国界传播

在早已经进入了网络时代的今天，没有哪一家公司会再去抗拒网络带来的便利性。但仅仅被动接受是远远不够的，只有能够主动把网络利用起来的人，才有可能成为新的王者。

直到有一天，柳井正突然间发现，散发传单和做电视广告，已经变成非常老土的事情了。他这时才真正明白，网络已经改变了人们的生活方式，优衣库不得不随之做出新的调整。

2007年8月，据优衣库的一份内部报告显示，这一年优衣库在电视广告和网络广告上的花费不相上下。网络正在逐渐变成越来越大的宣传阵地，且还有着日渐加大比重的趋势。

柳井正猛然发现，网络的真正特性，在于他的双向性。尤其是在不同的网络终端前，任何一个人和陌生人都可以实现互动。广告效果如何，再不是仅仅靠着市场调查和销售量来检验了，这些都是"事后诸葛亮"，只有网络才能把及时性体现得如此淋漓尽致。一则广告的效果如何，在广告刚刚上线的一瞬间就能收到来自世界各地的反馈。

柳井正把网络看作成就全球化梦想的延伸，正是因为有了网络才让优衣库的触角伸展到在现实中永远都无法触及的地方。因为网络的特殊性，柳井正提出了一个极具谋略的新想法，他想通过网络把优衣库的特性告诉给全世界，让全世界的消费者直接和优衣库的员工对话，从而更加直观地了解到其他地区消费者的想法。这就等于省去了市场调研的工作。让消费者和自己一起努力，共同创造出一个完全不一样的全新的优衣库。

在柳井正眼中，网络的确已经成为未来世界的利刃。不论是不同等级的员工之间，还是在员工和消费者之间，各自只要有一个注册账号，就能够实现完全无障碍地沟通。网络，的确应该成为优衣库宣传自身理念的最好工具。

于是，在2008年11月，柳井正把优衣库内部的传单制作、公关和宣传三个部门合并为全球沟通部，他要借助于网络的力量，真正达到布局全球的目的。

优衣库这么急切地想要在网络世界中开创出一片新天地不是没有原因的。优衣库从创办的那一天起，在传统媒介的宣传上就已经输在了起跑线上。现如今，好不容易和众多国际知名品牌平等地站在网络起跑线上，柳井正不想再输掉这场网络宣传战争。面对全球数十亿的网民，谁能够做到先声夺人，谁就会多一把胜算在手中。

优衣库除了要和同行业之间展开激烈的竞争外，更为重要的是，要把自己的品牌推广出来，从而形成全球统一的服务价值和消费体验。通过网络宣传，很显然要比电视更具有跨地域性，成本也更低廉。

在优衣库全球化的过程中，柳井正希望能够做到，不论消费者是在东京、纽约还是巴黎，都可以在第一时间买到同一款衣服。优衣库的经营理念是超越国界的，因而就应该用超国界的方式去实现自己的梦想。

柳井正的想法的确聪明。在网络时代，优衣库可以24小时不打烊地进行宣传，不用再受地域的限制。

超国界传播的理念还在于，优衣库总部可以通过网络随时掌控各地店面的商品销量和消费者信息反馈。以前只有超级店长才能做到的事情，现在任何一个优衣库员工只要轻轻地动动鼠标就能完成这项任务。

这使得优衣库打造自我形象的过程变得更加简单，并且还可以避免因为店长的个人原因而对决策产生致命性的影响。

在一次优衣库周年庆上，宣传人员只是找到了网络和商品特性的强有力结合点，这就使得优衣库再一次实现了销量上的新突破。这一次的公关活动根本没有涉及传统媒介，但却带来了比传统媒介更喜人的销售业绩。

这是优衣库正式启动网络营销的创举，柳井正希望优衣库能够借用更好的平台来展示更优秀的自己，让每一个人都知道：在日本，有一个服装品牌叫作优衣库；在未来，优衣库一定会开遍全世界，让所有人用最少的钱买到最好的衣服。

借力娱乐时代

网络传播怎样做才最有效呢？答案只有一个——永远都不要被时代落下。

随着网络科技的发展，各种各样的新鲜宣传模式逐渐成为主流。当时，对所有人来说都极为新鲜的一种网络服务诞生了，这便是博客。柳井正要求设计人员从博客下手，一定要搞出点名堂出来。

很快，设计人员就制作出一个博客插件，只要用代码把插件写进自己的页面中，每点一次就能获得一次免费抽奖的机会。这个小小的创意举措在短时间内让优衣库把每日的特卖信息准确传递到消费者个人的电脑上。

博客时代后，便是微博时代。微博改变世界，这句话绝不只是一个空口号。当下，一个没有微博的"网虫"，恐怕只能够被称为"网盲"了！为了能更加及时地宣传优衣库卖场的促销信息，柳井正派人于第一时间在Twitter上开通了优衣库的官方微博。相对于博客而言，微博更具有实时的互动性，也正是这个特点，让优衣库早早地站在了时代潮流的领航位置。

博客和微博都是针对单个网民而言的，一切正如优衣库的发言人所说："到目前为止，在人类发明的传播模式当中，没有任何方式比博客和微博拥有更多的可能性。因为这两者具有实时性、双向性和连续性，而且是由个人掌握着散布情报的力量。"仅仅只是通过个人来散播信息，也只是通过个人来接受信息，就能让信息的覆盖面达到全世界，不得不说这是个奇迹。

微博是个特别具有分享性的网络载体。一旦优衣库的某个促销信息或者广告内容被某个消费者认可了，他只要轻轻地动一下手指就能把这一消息分享出去，从而造成一传十十传百的盛况。每个消费者都是优衣库的免费宣传员，且这样的传播方式以口碑性作为基调，优衣库从中收获的不仅仅只是降低宣传费用这么简单。

真正引爆优衣库网络活力的事情，发生在影音网站上。

影音网站不同于博客和微博，它不以文字和图片为主。在影音网站做宣传，就需要投入一定的经费去拍摄视频广告。其和电视媒介的不同点在于，广告主不用再花大量的广告费去电视台购买黄金时间段。另一个大优势在于，影音网站往往是和微博等工具相关联的，只要拍出了大家喜欢的作品，也会被消费者用手指分享出去。而且，视频要比文字和图片更加具有吸引力。由此一来，传播率也会大大增强。

柳井正提出了"要在网络上推出有趣的内容，一定要让消费者有所反应"

的优衣库网络作战模式。这时正值优衣库官网改版。在网络部门负责人胜部健太郎的建议下，柳井正再一次给田中则之安排了一场重头戏。田中被任命为网络事业部创意总监，他谈起自己的工作职责时说："优衣库想要借由网站改版的机会，建立起一个优衣库和消费者之间双向联络的新平台，这是柳井正心中所畅想的新媒体。"

田中则之的主要着重点放在了Youtube这个网站上。一番分析之后，他得出了结论："分析Youtube后可以发现，较具人气的动画内容，并非拥有故事性或有趣台词。这类含有广告元素的动画，从广义上来说，属于展现人类身体动作的动画，反而较受欢迎。"田中的意思已经很明显了，他要花钱拍广告，而不是只在网络上做免费的自卖自夸。

柳井正充分理解了田中则之的意思，网络虽然能够让消费者在瞬间把信息传递出去，但如果拍出来的广告不够吸引人的话，甚至有可能连基本的点击率都产生不了，这将是对资源的极大浪费。他充分鼓励田中去做新的尝试。

得到了柳井正的鼓励后，田中终于放开了手脚，准备大干一番。

最后拍摄出来的广告片以"舞蹈"为主题，画面中只有一群穿着优衣库服装的人在跳舞，没有任何的文字说明，也没有任何画外音，镜头只是单纯地在表现舞蹈动作。田中想要用最简单的手法来表现优衣库的服装带给人们的舒适度。在极简主义的驱动下，这则广告片应运而生。

这则只是在表现舞蹈演员随着音乐节奏摇摆身体的广告片，最终在Youtube上突破了百万人次的点击率。

毫无疑问，这则广告是成功的。为此，田中还奇思妙想地上传了一些慢镜头和分解动作，以满足那些忠实粉丝想要学会这支舞蹈的愿望。

这次成功，成为优衣库自进入网络时代以来最经典的一次营销活动。

2007年，优衣库还推出了一款"UNIQLO JUMP"的广告片。这一次的创意是，在全球5个国家、27个城市集齐了696名店员参与到广告片的录制工作中。影片摄制小组分别拍下这些人起跳的瞬间，然后再用电脑把素材合成到一起做成广告片。田中说，优衣库的员工就是优衣库最好的宣传员，应该让消费者看到真正的优衣库员工的风采。

而为了配合"UT ALL-Star"T恤系列的宣传活动，优衣库还在网络上和网友实现了一次互动。当时，优衣库推出了一款名为"UTweet"的互动游戏，网友只要按着游戏的流程一步步地点下去，最后就会发现自己的头像变成了游戏中的主角。游戏不再只是单纯的游戏，而是变成了能让每一个人参与到其中并且真正过一把明星瘾的小把戏。

这样的游戏并不需要多高的技术含量，正是因为其创意点完美地契合了宅男宅女们爱幻想的心境，才能迎来如此成功。

优衣库的口号是，穿衣服的人才是真正的主角。在"UTweet"这款互动游戏中，体现出来的价值观是，玩游戏的人才是真正的主角。彼此一脉相承，游戏者在体验到被服务和被尊重后，不知不觉中就会把优衣库的良好形象传播出去。只要参与进来，任何人都是优衣库的宣传员。

柳井正深深地感受到，消费者在决定购买商品前，总是会在潜意识中考虑一下这家公司给自己留下的企业形象。

而这也是优衣库在网络E时代取得制胜地位的基本保证。

欧洲理想不死

算起来，距离优衣库的伦敦计划已经有六七年的时间了。这么长的时间过去后，优衣库也已然从当初的阴影中走了出来。但柳井正从来没有因为伦敦的失败而放弃过进军欧洲的梦想。现在，优衣库已经有了在纽约成功开店的经验，在中国的旗舰店也取得了不错的成绩，是时候再次捡起当年的梦想了。

2007年的时候，优衣库在被誉为世界上第一购物街区的英国伦敦牛津街上，同时开设了两家旗舰店，一家的卖场面积为1200平方米，另一家却达到了惊人的2100平方米。

当时，柳井正信心满满地说，这两家优衣库店铺一定会成为牛津街上最亮丽的风景线。在入口处，消费者一进来就能看到有四台两层楼高的圆筒形衣架箱，里面旋转展示的是当季优衣库的主打品牌。柳井正还把火爆全日本的UT风潮也引进了伦敦，以"未来的T恤便利店"为理念，罐装UT风潮第一次登陆海外市场就受到了极大欢迎。

上一次的失败在于，伦敦的优衣库店太刻意去复制日本国内的成功模式。但柳井正似乎并不愿意吸取上次的"教训"，这一次他不但把纽约旗舰店的成功模式照搬了过来，甚至把日本国内的许多优秀创意也原模原样地复制到了伦敦店铺身上。

只不过，此时的优衣库已经和数年前的优衣库完全不同了。当时的优衣库，在国际市场上还是个孩子，还有许多的东西需要学习。现在，有着丰富的成功经验的优衣库早已懂得如何去抓住消费者的眼球。伦敦旗舰店不再是照搬其他地方的成功模式，而是有选择地借鉴了成功的经验，最终杂糅成自己的风格。

在由24台等离子显示器组成的"显示墙"上，播放着与优衣库全球网站同步更新的内容，这是作为"面向世界的橱窗"的全球性旗舰店的隆重登场。

另一家同时开张的店铺则采用了多窗设计，采光非常好，店内还设置了方形的模特儿展台，而展台上设有滚动显示屏。这里展示出的宽大舒适的宽松牛仔裤也是首次在伦敦亮相。

英国人一向是挑剔的，但这一次，优衣库得到了一致好评。开业当天，伦敦的许多报纸不约而同地对柳井正本人和优衣库进行了大篇幅的报道。在这样的褒奖下，柳井正则显得非常平静。似乎这样的成功早就是他预料之中的事情，又或者这些褒奖对他来说整整迟到了六七年的时间，现在只是伦敦人在对柳井正做一些力所能及的补偿而已。

至此，在将多年前伦敦失败的阴影一挥而散后，柳井正终于开启了攻占巴黎的计划。

2009年10月1日，优衣库的巴黎旗舰店开张了。开业当天，优衣库成功地吸引了多达600人前来排队等候。这样的场面对优衣库来说已经是再平常不过的事情了。但在巴黎能够出现如此盛况，着实出乎柳井正的意料。

为了能够在巴黎一举成功，柳井正几乎调动了优衣库内所有的工作人员来做各种应急准备。

最初，柳井正选择了较为保守的进攻模式。他先是和当地的知名精品店colettle进行了强强联合，这让优衣库在巴黎民众心中打下了些许基础。因为当时优衣库在colettle店铺内属于限量销售，且每个月都会举行特卖会，这使得优衣库在还没有开张前就已经名声在外了。

为了在更大程度上让巴黎民众了解优衣库，柳井正在广告宣传上也没有少下功夫。当时，优衣库把巴黎市内地铁站的所有广告牌都包了下来，甚至在地铁站附近的一面大型广告墙上张贴了15张大型宣传海报。以巴黎的传统来看，能够把广告做到这种黄金地段的商家都有着十足的背景。相比之下，优衣库的背景要显得薄弱许多，但柳井正并不害怕同商界的元老们对垒，并且柳井正也有信心一定能赢。

这一措施使得巴黎的上班族随时随地都能看到优衣库的广告。佐藤可士和认为巴黎是潮流重地，优衣库还是应该秉持极简主义的风格，因而他设计的海报上只有红白两种主打色。如果这些海报成功地得到了巴黎人的认可，这又将是佐藤为优衣库做出的又一个丰功伟绩。

不但如此，柳井正还在巴黎的早餐上打起了主意。巴黎人每天都喜欢吃面包。柳井正提议把优衣库的标志印到面包包装纸上，这样一来买面包的人边走就边把优衣库给宣传出去了。

于是，人们第二天上街的时候忽然发现，所有人手中都拿着印有优衣库标志的包装袋在啃面包吃。优衣库到底是家什么公司，一下子就引起了人们的注意。此时，距离优衣库的巴黎旗舰店开业还剩不到两个月的时间了，所有的巴黎市民都因此产生了一种紧张感，因为"优衣库这个日本品牌马上就要来巴黎了"。

其实，优衣库在巴黎的一号店铺早在五年前就开设了，只是因为其规模小，人气也远远不足以打出品牌。柳井正并没有选择冒进，伦敦的失败让他明白冒进不是一个好方法。相反，他用了五年的时间去隐忍、去搜集情报、去研究巴黎人的消费习惯，通过这五年的积累，终于为旗舰店的开张奠定了成功的基调。

开业后，柳井正又打出了一张非常理牌。他撤掉了巴黎街头巷尾的所有广告牌，这让业内人士也看不明白了，柳井正则认为，在巴黎，优衣库更应通过质量吸引消费者，而不是广告宣传。前期的广告已经成功地把消费者拉进了店内，至于能不能够让这些消费者变成回头客，柳井正对优衣库的服装充满了信心。

毕竟，在巴黎，任何宣传都只是浮光掠影，只有质量和款式才是带动流行的王道。优衣库的欧洲理想不能坏死在自己手里，这是柳井正一生都铭记的警戒。

吉尔·桑达潮流

2009年3月17日，柳井正向全世界扔出了一颗重磅炸弹。他向全世界宣布：为了提高优衣库的服装质量和设计感，优衣库已经和世界知名服装设计师吉尔·桑达签订了合约。吉尔·桑达将作为优衣库的设计总监，将为全世界的优衣库迷们设计出更多具有先锋品位的优衣库服装。

这则声明刚一发表就引起了全球服装业一阵骚动。尤其是欧美国家，对此事的反响异常强烈。在这之前，没有人会相信吉尔·桑达会和一个服装零售商展开合作。在震惊之余，他们同样也在期待吉尔·桑达和优衣库究竟会产生何种化学反应。

在吉尔·桑达加入优衣库的当天，迅销公司的股价上升了将近700日元。柳井正欣喜，认为这就是吉尔·桑达给优衣库带来的吉兆。要说起优衣库和吉尔·桑达之间的渊源，还真有一段值得娓娓道来的故事。

柳井正一直希望优衣库的衣服是能够领先设计潮流的，但可惜自己是个设计门外汉，单纯以喜欢和不喜欢的方式来对设计师的作品做评断，未免显得很不专业。尤其是在柳井正看到了吉尔·桑达的作品后就非常希望她能够加入到优衣库中来。但从吉尔·桑达的履历来看，她一直都是在为高端品位的服装商设计服装，其是否会屈尊来到优衣库为平民设计衣服，柳井正对此一点把握都没有。

因为不懂设计，他找不到和吉尔·桑达的共同话题。而且，据说吉尔·桑达是一位很难接触的人。纵然他有着过人的才华，但想要说服吉尔·桑达却是一件相当困难的事情。然而，在经过长达一年的努力后，吉尔·桑达终于答应了优衣库的请求。

吉尔·桑达最后答应与优衣库合作的原因很简单，优衣库的服装追求的理念是简约、新颖、美感，同时又不失动感，这恰恰和吉尔·桑达本人的设计理念相吻合。而且吉尔·桑达很看重的是优衣库打破传统设计理念的那份勇气，因而即便优衣库不是高端的服装，但她依旧愿意在平价时装品牌上进行一番尝试。最关键的一点还在于，柳井正完全不会干预她的设计理念，这是最令这位设计师心动的一点。

　　柳井正觉得，只有吉尔·桑达才能够把优衣库的理念表达得淋漓尽致，而吉尔·桑达本人也觉得在优衣库自己可以有更自由的设计天地。在经过一年的拉锯战后，吉尔·桑达终于把工作室搬进了优衣库。这一年，吉尔·桑达已经70岁了，但这位老人身上依旧展现出了令人信服的魅力。

　　吉尔·桑达出生于德国，年仅24岁的时候，她就设计出了以自己名字命名的世界知名服装品牌。只是在进入21世纪后，吉尔·桑达的事业一度陷入低谷期。当时，世界知名品牌普拉达买下了吉尔·桑达品牌75%的股份，吉尔·桑达也就变成了普拉达的御用设计师。只是，这样的合作仅仅持续了半年时间，吉尔·桑达就完全放弃了自己在普拉达中的职务。在2003年，两者又重归于好，彼此签订了长达六年的合作合同。可这份合同最终只维持了一年半的时间就再次宣告终结。

　　此后，吉尔·桑达和自己亲手创建的品牌之间再无任何关联。吉尔·桑达之所以离开，是因为她根本就看不惯那些大财团对时尚界肆无忌惮的掌控。在离开了普拉达后，尽管有无数大牌公司曾经找上门来寻求合作，但吉尔·桑达从来都是闭门谢客，过起了隐居生活。

　　这样的缘分就像是冥冥之中注定的一样，吉尔·桑达和优衣库成了相互救命的稻草，甚至连她自己也承认说："公司就是我的家，就像念寄宿学校一样，你从来不会感到孤单。"在重整旗鼓后，吉尔·桑达表示自己已经充满了活力，很精神且还很孩子气，她当下的唯一愿望就是设计出好作品，以回报优衣库和柳井正。

吉尔·桑达并没有因为优衣库的服装定位而简化掉自己的设计工作。她依旧和之前一样对每一个针脚都有着严格的要求。2009年9月，吉尔·桑达带来的新款设计作品+J秋季系列面世了。

裁剪精良的姜黄色大衣、时髦的矢车菊蓝连帽外套以及大衣，售价皆不过千元。毫无疑问，+J系列必定会大卖一场。最后的结果让吉尔·桑达喜出望外，甚至让她一改之前对日本文化的抵触态度。"日本给我的文化冲击非常大。我必须努力适应这里复杂的阶层关系、交流的潜在规则，还有日本女性的社会地位。但从专业角度来说，我感到很自如。日本人非常崇尚质量和创意，优衣库也是一个能够很快适应新事物的公司。而且，日本也有许多值得发展、学习和创新的传统工艺。"

整个+J系列的魅力在于吉尔·桑达利落的剪裁，一旦搭配上优衣库服装本身具有的舒适度和以人为主的概念，+J系列的火爆便是常理之中的事情。+J系列不同于一般的休闲装，只有当消费真正把衣服穿在身上后才会惊讶地发现："这套衣服的剪裁真的是与众不同！"

这恰恰是吉尔·桑达的设计魅力所在。

+J系列的成功，让吉尔·桑达意识到，平民服装业也是一片大有可为的新天地。尤其是优衣库倡导的极简主义对吉尔·桑达的吸引力远远超过其他大牌公司。

极简主义在世界范围内，并不缺少设计界优秀的追随者。但少有人能够像是吉尔·桑达一样，把极简主义当成毕生的事业来研究。她坚持"时尚最重要的是其连续性，女人们渴望自己能够信任、依赖某些事物"这一主张。因此这位老人才会向全世界宣布，自己和优衣库之间的合作将会无限期延长，看来，吉尔·桑达已经找到了和优衣库之间的共同语言。借助着吉尔·桑达的效应，优衣库再也不是"卖给爷爷奶奶穿的衣服"的仓库了。

创新这一概念，+J系列已经是最好的证明，未来的优衣库依旧还有无限可能。

新首富与接班人计划

2009年，注定是不平凡的一年。在这一年，世界经济在金融风暴的冲击下出现大幅度下滑。在这一年，优衣库距离小郡商事的创立，已经走过了整整60个年头。也正是这一年，优衣库的总决算超过了摇粒绒热销时期，创下了新的纪录，Heattech、GU罐装T恤、990日元牛仔裤等多款热销产品，让优衣库又恢复了全盛时期的元气。

距离优衣库陷入最低谷时，时间已经过去了八年，优衣库用了将近八年的时间尝试着做出改变，期间的失败自然可想而知，最后他们还是成功了，这份喜悦的心情难以形容。看着比上一年度增长了32%的销售额，以及创下的从开店以来最高单月销售额纪录，每个员工都明白这一份成功真的是来之不易。

八年的时间，可以改变多少人的梦想。柳井正用这份得之不易的成功告诉每一个人，梦想是需要去坚持的。也正是这一年的傲人成绩，让柳井正力压丰田、索尼等公司的掌管者，第一次坐上了日本首富的位置。

这份荣耀，让柳井正有些措手不及。但柳井正没有时间去享受首富给自己带来的光环，他在优衣库的日子已经不多了，现在对他来说，最紧要的事情是怎么做才能够更准确快速地挑选出自己的接班人。在这方面，柳井正从很早就开始积极准备了，但是结果却不尽人意。最早，柳井正将希望寄托在了泽田贵司和玉塚元一这样活跃在其他领域的商界精英身上。当他们先后离开优衣库后，柳井正又将希望寄托在委托式执行董事这个制度上面，本意是培养出真正有实干能力的接班人来，但是这一计划也很快落空了。因为在柳井正恢复商品策划部部长一职后，权力下放就成为一纸空文，没有起到任何作用，因此也无法从中挑选出接班人了。

这时，瑞典首富H&M刚刚实现了世袭制更替。于是有人问柳井正，为什么不把优衣库传给自己的后代？对此，柳井正坚决反对，尽管他自己也是子承父业。对于自己的两个儿子，柳井正很为他们自豪，但是他却不希望他们成为公司的经营者。

虽然柳井正两个儿子的能力足够担任执行董事这样的职位，但在柳井正看来也就仅止于此了。与公司其他能力优秀的员工相比，柳井正认为自己的两个儿子并没有异常突出的地方。而作为一个公司的继承人，尤其是世袭制的继承人，必须要能力超于常人才行，如果仅仅是与其他优秀员工能力相差无几的话，那在公司运营上将会遇到很多困难，甚至还会阻碍公司的发展。

因为自己就是这样走过来的，所以柳井正深知这条路充满了坎坷。所以，他建议两个儿子作为股东的身份进入董事会，然后将选拔经营者和组织优秀的经营团队作为自身的工作会更好。

经历过两次失败的尝试后，为了满足自己65岁退休的愿望，并找到合适的接班人，柳井正与一桥大学国际企业战略研究科合办了培养未来经营者的机构——FR-MIC，以此来培育优秀人才。FR-MIC机构具体实施方案是从日本国内的优衣库店铺中选择出100名优秀的员工，再从海外优衣库选出另外100名优秀员工，集中起来进行经营管理方面的培训，这个计划的目的性很明确，因而培训的要求也显得非常苛刻。

为此，柳井正请来了前一桥大学国际企业战略研究主任和哈佛商学院教授两位资深学者强强联手，并且在瑞士知名的商学院IMD的大力支持下，柳井正企图构筑出日、美、欧的三方教学系统，以培养出属于未来的优衣库经营之神。

培训并不是纯理论教学，在整个培训过程中优衣库还会请到一些知名公司的经营者担任客座教授，以在经营过程中遇到的实际问题为素材来锻炼参与者的实战技能，甚至发生在优衣库内部的真实事件都有可能被写进教材中。

柳井正认为，在全球化的过程中，一家企业具有多重国籍是很正常的事情，这也是企业发展的最终目的。如果经营者不能够与其做到同步全球化，那将是制约企业发展的最大瓶颈。

优衣库中也有人把FR-MIC培训计划称之为"民族大移动"。通过FR-MIC计划培育出来的经营者需要在世界各地的优衣库店铺中积累起足够的实战经验，才有可能成为柳井正接班人的候选者。这些人不但要具有国际化的经营理念，同时还必须有能够快速化解地域和文化差异的能力。因为在优衣库，最根本的经营思路是要实现无国界经营、无民族差别。很显然，优衣库内部，已经有很多人逐渐理解了柳井正的良苦用心。只有先从经营者身上进行改变，才有可能改变企业的行径和方向。

与此同时，却有人因为FR-MIC计划的精英培训计划而开始质疑优衣库的全员经营理念。柳井正并没有过多解释，他有自己的看法，不管是精英还是普通员工，都需要靠自己的能力去解决问题、去向上发展，每一个精英都是由普通员工成长起来的，只要尽心尽力，在优衣库不会受到区别对待。

柳井正把提升员工的个人能力放在经营公司的第一步，同时也是最重要的一步。他所进行的FR-MIC计划是要培育出能够和优衣库相处一辈子的经营者，能够做到这一点的人当然少之又少。

尽管如此，公司内部和外部还是有一些声音认为柳井正的儿子接管优衣库最为合适。针对这个敏感话题，柳井正在接受外界采访时，坦诚地表示：

很多前辈都是因为将企业交给子女而造成了公司经营的失败，这种家族经营的方式是非常不可取的。我告诉我的儿子，如果我是会长的话，那么他就担任副会长，或者是我退休以后，他接任我的会长职位，以会长的名义进入董事会，在公司的运营方面任命其他人为社长，以一名股东的身份来保证公司能顺利运营下去。我也告诉过他们"不要亲自经营公司！"因为如果年轻人进入优衣库，社长总是家族继承的话，年轻人就失去了升任社长的机会，这是非常不可取的。所以，我让我的儿子们以后就站在股东的立场上给经营者提一些意见或者是建议即可。

截止到2019年9月，柳井正70岁生日已经过去了6个月，这意味着距离他给自己设定的卸任集团首席执行官的期限也越来越近。有更多日本媒体发出报道，认为柳井正已经明确表示，希望自己的接班人是一位女性。柳井正也的确认为这个工作更适合女性，她们坚韧不拔，注重细节，并且有审美感。在他眼里，选择一名女性继承人对这家亚洲最大的零售商来说结果可能更好一些。

而且，继承者的名字也开始有了选项——井田真希。2019年6月，她由集团高级副总裁任命为优衣库日本公司的首席执行官，这也是优衣库日本公司史上的第一位女性CEO。

当被问及井田真希是否能成为他的接班人时，柳井正给出的回答是"有这种可能"。网络搜索井田真希，不多的几张照片都是一头简单的短发、灰色的围巾，给人以干练之感。现年40岁的井田真希于2001年加入优衣库，曾在东京银座街区、日本新潟县及中国上海等地的优衣库门店工作，成功地将东京吉祥寺门店打造成日本最受欢迎的优衣库门店之一，随后步入管理层。

与此同时，柳井正关于女性高管的培养或许有一定国家因素的影响。人口老龄化带来的劳动力短缺是日本目前亟待解决的一大问题，在这样的基础之上，日本首相安倍晋三将目标瞄准了女性。数据显示，6月日本女性就业人数已经达到了3003万人，较上年同期增加了53万人，自1953年有可比数据以来首次突破3000万。

关于女性接班人的说法也是一样。按照柳井正的说法，他希望将公司高管层中女性的比例提高到一半以上。据了解，目前迅销集团共有6位女高管，而在去年，迅销集团管理层中的女性占比甚至高达30%以上。

不管是不是在为继承人铺路，但能看出的一点是，在掌舵的这段时间内，柳井正始终没有放弃调整公司的结构。

女性内衣的革命

优衣库革命的脚步并没有因为柳井正成为日本首富而停止。首富的名号更像是一种责任，催促着优衣库以更大的变革步伐来满足消费者日益增长的需求。

此时，柳井正做出了一个大胆的决定——在时尚领域下点功夫，而不是将所有的经历都投入到基础款上。为此设计师设计出了一系列不太符合优衣库风格的时尚服装，同时减少了基本款的进货量。然而整整一年里，时尚款都在仓库里大量堆积。为了清理库存，只能进行大规模的降价，这一举动导致当年的收益减少了25%，股票暴跌26%。

既然已经知道了这一尝试是失败的，那么就要及早抽身，这是柳井正在多次失败中总结出来的经验。于是几乎不加任何考虑，柳井正就再次回归到了原本的经营策略上，那就是把一件单品做到极致。

BRATOP便是在优衣库的革命进程中诞生的一款专为女性设计的精品。

BRATOP，即文胸，第一次以全新姿态出现在优衣库卖场是在2008年的春夏之交。实际情况却是，从2004年开始BRATOP就已经在出售了。只是当时此款产品和市面上的文胸产品并没有太大的差别，因为女性隐私的问题，柳井正也从来没有想过在优衣库会主打此款商品。

直到近两年后，优衣库的市场调查人员发现了一个特殊现象，很多追求时尚的女性都喜欢将紧身内衣穿在外面。柳井正很快就意识到，这在未来将会是一种流行趋势。跟着潮流走，远不如能够预测潮流的走向更能赚到利润。柳井正当即下令，让优衣库的工作人员对BRATOP进行深度研发，为此还专门成立了研制开发的团队。

这一次研发结果的最大改变，就是BRATOP克服了传统的立体罩杯很容易变黄的老大难问题，从而使得浅颜色的文胸具有了可能性。这等于是为外穿BRATOP提供了技术上的支持。以女性消费者的角度来看，能够把内衣穿在外面，这不仅需要其自身有极大的勇气，更需要服装供应商能够制作出既有别于外衣同时还不失内衣款式和功能的服装。

优衣库全新推出的BRATOP可以说是革命性的。

仅仅只是一件文胸，BRATOP在三年的时间里实现了680万件的惊人销量。

改革的脚步没有就此停止，否则便等于给了他人追赶甚至超越自己的机会。于是在简短的沉淀后，在2010年的夏天，全新改变的BRATOP系列再一次引发了轰动。BRATOP的精心剪裁使其更具有修身的感觉，并且在设计上也突破了原先单一的色彩而杂糅进去更多的实用性与时尚风。BRATOP的革命在于，优衣库通过对高品质、好设计以及新技术的综合应用，彻底颠覆了原先内衣只是穿在衣服里面的传统意识，在解放女性身体的同时，还彰显出纤细身段的魅力。

BRATOP系列也一直延续着优衣库倡导的"百搭"概念。穿衣服的人才是主角，只要把BRATOP和T恤、长衫甚至连衣裙巧妙结合，就能搭配出完全不一样的效果。只要会穿，就不用担心撞衫的问题。柳井正还为他的"百搭理念"追溯了文化上的根据，他认为这是日本民族和国家的特性。在古代时期，日本的文化源于中国，并在中国文化的基础上发展了日本文化。明治维新以后，日本开始向欧洲看齐，因此那段时间受欧美文化的影响比较多。第二次世界大战后，日本被美国占领了，此时日本文化又受到了美国文化的影响。因此，日本民族吸收了各种文化，并将它们融合在了一起。因此，在服饰文化上，也应该强调百搭的概念。

百搭是一方面，在注重搭配的同时，柳井正也没有忘记创新。与之前BRATOP系列相比较，2010年全新的BRATOP呈现出了三个创新：

创新一：杯罩上部直接连接吊带，从上部拉伸胸部线条，使胸部曲线更优美，更安心；

创新二：杯罩更轻盈、柔软。内部添加有吸汗速干功能，适合各种胸型与尺寸；

创新三：杯罩内部为双层结构，剪裁优美的同时，提升了其支撑效果。

新的BRATOP系列不但有着更舒适的材质，甚至还突破性地实现了从腿部往上穿的方式。消费者根本就不用专门去为BRATOP寻找可以搭配的外衣，在优衣库销售的BRATOP系列有海洋、格子、花卉等多种主题，总计有187种颜色及图案设计，这就像是另一种摇粒绒风潮一样，只要消费者喜欢，完全可以随意搭配其他衣服。

之后，优衣库还推出了BRA背心式连衣裙及BRA背心式长衫等款式，于最大限度上满足消费者的不同购物需求。柳井正说，优衣库的目的在于，让消费者能够不受时间、空间的约束和限制，轻松自如地秀出自己的玲珑身材和时尚造型。

计划未来，是为了活在未来。柳井正这样想也在这样做，他知道，如果不拼命努力，不可能一直维持现状就能生存，如果不想未来自己要变成什么样，没有这样的意志，在将来是不可能存活的。因而，不论是BRATOP系列的变革还是在其他品牌上的革新，柳井正坚持下的优衣库应该是可以让消费者穿出本我的一种服装品牌。

优衣库是一种生活态度，这才应该是最嘹亮的口号。

中国梦和未来心

上海只是个开始

2009年，优衣库在巴黎的旗舰店开张时表示，2010年优衣库在上海开的旗舰店也一定会引爆中国市场。这一简单的信息刚刚透露出来，瞬间就引起服装领域的广泛猜想。一年之后，优衣库会以什么样的面貌出现在中国市场呢？

2010年5月15日，柳井正用上海南京路上的一家优衣库全球旗舰店的隆重开业，向所有人证明了自己当初的好言不虚。这家旗舰店总共投资3000万美元，也是继纽约、伦敦和巴黎之后，全球第四家优衣库国外旗舰店。

柳井正的意图很明显，上海旗舰店只是他的一个跳板，现如今的优衣库已经占领了美洲和欧洲市场，在亚洲，单有日本国内的优衣库店铺是远远不够的。上海旗舰店就是优衣库向亚洲同行开出的第一炮，同时也是优衣库再度强势入驻中国市场的象征。

为了能够最大限度地提升旗舰店开业时的影响力，柳井正派人请到了以陈坤、孙俪为代表的六大明星前来助阵。并且，优衣库还创新性地推出了代表着全中国最新潮创意的四位艺术家进行了一场题为"从上海向世界传递"的创意活动，这在最大程度上吸引了游人驻足观赏。

优衣库开在南京路上的上海旗舰店总的营业面积达到了破纪录的3300平方米，这也是优衣库在全球范围内营业面积最大的店面。相比进军其他国家的市场，优衣库在中国站稳脚跟的速度要慢了许多。上海旗舰店开业的盛况让柳井正心中的一块石头终于放下了。他对人透露说，优衣库打进欧洲市场用了五年的时间，打进中国市场却用了整整八年。

开店前，中国区的总负责人潘宁对柳井正说，现如今中国内地的中产阶层正在逐渐兴起，人们已经把消费的目光从低价转移到了高质上。优衣库恰恰是两个消费点的完美结合，因而优衣库在中国开设旗舰店的最好时机已经到来了。

基于八年前优衣库在上海开店并不算成功的教训，这一次优衣库内的所有服装在定价上和日本国内保持了一致性，完全相同的价格以及定价策略，还有新款服装的全球同步上市，这让中国消费者第一次感觉到自己被优衣库真正尊重起来了。柳井正之所以这样做，是因为他很清楚，优衣库和中国内地的一些自有品牌相比就失去了价格优势，但却在消费者的脑海中留下了优衣库代表着质量保证的概念。

现如今的优衣库，已经不再是当初拼低价的小卖场了。站在消费者的角度出发，在保证低价的同时还能够做到高质，这才是最应该值得骄傲的事情。

并且，柳井正还聪明地学会了如何去迎合中国人的审美情趣。在优衣库中国店铺内的服装定价，大多都是如同88、66这样带有吉祥意味的叠字，这就很容易吸引消费者。同时，在2010年春季新推出的牛仔系列，中国市场上的售价只有99元，这可以算是优衣库回馈给消费者最好的礼物了。

上海旗舰店一共有三层，这里摆放着迄今为止数量最多的模特，这一数字一度达到320个。这为优衣库展示店内色彩缤纷的百搭服装提供了更多可能性，有的消费者甚至完全是因为看中了模特身上的那一套搭配才进店购物的。即便是不懂得如何搭配衣服的人，也能够从这320套不同的式样中寻找到自己真正喜欢的款式。在优衣库店铺的正门入口处，设计师还独具匠心地设置了旋转式模特，这极富有视觉冲击力的造型令所有进店的人眼前一亮。

突破消费者的心理预期，这是柳井正坚守的成功法则。

这一次，优衣库在中国市场终于扬眉吐气了一回。媒体的一份调查显示，在开业当天所有的受访者中，有超过八成的消费者表示还会继续来优衣库购物，而这个比例在所有外来品牌口碑排行榜中占据着遥遥领先的位置。

柳井正可以确信，优衣库在上海已经完全站稳了脚跟。

关于未来，柳井正的目标是在10年内将公司规模扩大10倍，到2020年实现总销售额5万亿日元。这听上去好像又有些不可思议，不过对于总是能"说到做到"的柳井正来说，谁又敢说这不可能呢？此时的柳井正，已经连续两年蝉联了日本首富的位置。他相信未来10年，优衣库在中国市场的销售额一定会超过日本本土。

然而，这只是一个开始，优衣库在中国市场的传奇才刚刚写下第一笔。柳井正对这一次的中国市场计划非常满意。这一年，优衣库在中国市场的销售量实现了100%的增长。在随后的日子里，优衣库在北京、苏州、沈阳、南京、青岛、天津等地均开设了店铺，柳井正发誓要把优衣库的触角伸到中国的每一个角落，让所有的中国人都知道优衣库。在这块世界上最大的市场上，优衣库和ZARA、H&M等世界知名品牌终于做到了比肩的地步。

许多人把目光放在了优衣库2020年的宏伟计划上，其实这对柳井正来说，并不是梦想，而是一份要去执行且实现的计划书。

牵手马云

提起马云，每一个中国人都不会陌生。但是很少有人知道，在马云最佩服的人中，柳井正便是其中一个。

2009年4月16日，柳井正携手马云向全世界宣布，优衣库将要在淘宝网开设其在中国境内的网络购物旗舰店。柳井正说，借助于淘宝网1亿多会员的力量，优衣库一定会为所有的网购消费者提供更高品质、更时尚且更便捷的服务。同时，马云也表示，淘宝网会尽一切力量帮助优衣库网络旗舰店的建立、完善和推广，使淘宝网成为优衣库在中国最主要的销售渠道之一。

这一天，马云还和柳井正打赌说："用不了多久，优衣库在淘宝的这家旗舰店就会培育出100多家分店。"

从优衣库正式在淘宝网上线算起，其仅仅用了11天的时间就以惊人的销售量攀升到了淘宝网店铺第一名的位置。不论男装还是女装，优衣库都拿下了状元名号。而优衣库的网络旗舰店一天的销售额就能达到40万元，这一数字相当于两家实体店销售额的总和。

回想与马云第一次见面的场景，那还是在2007年。

当时，他们两人同为软银集团的董事。作为概念上的同事，每次的董事会上柳井正都会给马云留下深刻的印象。在形容柳井正的时候，马云只用了三个词语：创新、智慧和勇气。他说："一个传统行业要和互联网合作，这是很难想象的事。在传统行业里，每个人都害怕互联网，只有柳井正，敢于打破原来的商业模式。他对市场的判断，对客户的理解，对时尚的把握，都让我崇拜。"

值得崇拜的人，往往是在某些方面做得足够优秀，还会让自己感到有些望尘莫及的人。马云公开承认自己最崇拜的企业家就是柳井正。在说这句话的时候，马云根本就没有想到在未来的某一天，柳井正会牵起他的手，让优衣库和淘宝网联姻，一同打造中国市场上的强强联合。

柳井正从来没有拒绝过科技的诱惑，优衣库发展的过程一直都是和网络科技相依相扶的，甚至在前几年的戛纳广告节上获奖的作品都是以网络为主要的载体。因而，在优衣库的经营模式中从来都没有排斥过网络。网络就像是优衣库背上的一双翅膀，想要飞多高，和翅膀的力量究竟有多大不无干系。

柳井正在决定要占据中国市场之前曾做了一份调研，以马云和淘宝网为主力军，中国的电子商务市场迅猛的发展速度让人瞠目结舌。这份调研报告的截止日期是2008年底，当时中国网民的数量已经达到了3亿左右，这一数字甚至还超过了美国，从而跃居为世界第一。电子商务在当年给中国创造了2.4万亿元的总收入。

优衣库在中国开店的一个困境在于，因为经济发展不平衡，柳井正纵然有很大的企图心，但想要把优衣库的店铺开遍全中国则是一件不可能完成的任务。因而，他就想到，鉴于中国电子商务发展如此迅速，如果能够和网络联姻，在优衣库的实体店无法触及的地方也能够让消费者购买到优衣库的服装，这未尝不是值得一试的好事。

一番深思熟虑后，柳井正做出了迄今为止令他无比自豪的事情，他决定和马云展开战略合作关系，通过淘宝网来打造优衣库的在线网购平台。

在没有和淘宝合作前，优衣库在中国的销售额主要来自北京、上海等大城市，随着优衣库知名度的不断提升以及网络科技日新月异的发展，现在，大约有2/3的销售额来自优衣库的实体店覆盖不到的地方，这便是得益于网络的推动作用。

柳井正终于意识到，在中国市场上，优衣库已经具备了和任何品牌争夺市场的实力。之所以会出现网络店面和实体店面相竞争的奇怪现象，只能说明优衣库已经找不到旗鼓相当的对手了，其所能够超越的对象，只有优衣库自己。

牵手马云，柳井正认为这是自己在中国市场做得最成功的一件事情，这让优衣库的服装成功地走进了广大百姓家。这次的成功，更奠定了优衣库在中国内地市场上不可动摇的地位。

造势台湾

2010年9月底，中国台湾地区的网络上呈现出一片热闹景象。

打开电脑，键入一个网址，就能看到有一个憨态可掬的小公仔在一条虚拟的大街上等候着，街道两旁是绵延不绝的台湾地道小吃。耳边不时传来若隐若现的音乐声，旁边偶尔还会蹦出一两个招呼你的店小二。

只要登录了Facebook，就能够轻松加入逛街的行列，并且这个系统还会及时自动发布在用户的涂鸦板上，以方便号召其亲朋好友们一起化身为可爱的公仔在街上开店。

这是优衣库在台湾地区开业前做的一个网络排队小游戏。只用了短短两个星期的时间，这款游戏就成功吸引了超过63万人参与其中。这种别出心裁的广告宣传模式，着实让人耳目一新。这次"网络排队"的优势在于，只要拥有Facebook或者Twitter的账号，就能轻松加入进来。不需要烦琐的账号注册，不需要填各种各样的表格，用户就能在排队轮到自己时随意搭配身上的虚拟服装，并且还有机会抽到大奖。

台湾地区的网友们都杀红了眼。大家纷纷表示，如果真实世界中的优衣库也有这样的活动就好了。

一个月后，凌晨6点，在台北市府捷运站口聚集了一大群年轻人。

这一天是优衣库在台湾地区的一号店开业的好日子。人们排着长长的队伍，就是想要在最早的时间进店抢购被称为日本国民品牌的优衣库服装。

据统计，优衣库台湾一号店开幕时，在店门口排队的人超过了2500人，开业当天有近15万人进店购物，这一数字创下了优衣库开店以来的最高纪录，同时也是台湾地区所有品牌销售店的最高纪录。

柳井正应广大网友的强烈呼声，把网络虚拟游戏中的场景搬到了现实中来。消费者在优衣库的店铺中不仅可以随意搭配衣物，并且只要消费达到1500新台币就能免费获赠一个环保袋。据此推算，只开业当天优衣库就送出了2万多个环保袋，销售额大约为3000万新台币。

有内部人员称，当下的营业状况已经远远超出了他们的估算，按照当下的发展态势推算，优衣库开业的第一个周末的销售业绩能轻松破亿（新台币）。

为了保持店铺的正常运营，优衣库不得不再次采取限行的措施。工作人员为排队的消费者发放号码牌，很多人需要在店外面等上两三个小时才能得到进店购物的机会。号码牌一直发放到晚上七点半，但后面依旧还有很多人在排队。柳井正只得责令工作人员出面向排队的人道歉，并承诺优衣库服装的低价格在开业期间不会上调，希望人们能够错开高峰前来购物。

通过对消费者的调查，柳井正终于得到了一个令自己满意的答案。排队来抢购的消费者说，自己看中的就是优衣库低价高质的特性。

之前的网络造势起到了很明显的作用。因为网络受众的年龄问题，可以发现开业当天进店购物的消费者多是年轻人。大家对优衣库的好名声早就有所耳闻，谁都想"尝尝鲜"！

不过，柳井正并不担心人们抱着尝鲜的心理来店购物，毕竟，优衣库服装的质量到底如何，恐怕没有人比柳井正更清楚了。只要有人来"尝鲜"，柳井正就敢确保这个人一定会变成优衣库的回头客。优衣库在台湾地区的定位受众是上班族、学生群体，由此更证明了之前网络造势的准确性。

柳井正发现台湾地区有许多精通中文、日语和英语的优秀人才，这对公司的全球战略非常有用。因此，在公众场合，他开始特意强调优衣库的目标是在服装零售方面成为亚洲第一和世界第一。

台湾地区的成功，让柳井正突然意识到了在亚洲开店的可确定性。

布局亚洲棋盘

想要占领亚洲市场，还有一块重地柳井正没有拿下，那便是韩国。

柳井正心里很清楚，想要在这样一个国家开展优衣库的宣传活动，优衣库将会面临更为严峻的挑战。因而，他想到了一个曲线救国的招数。

跳进柳井正脑海中的第一个念头是，能不能和韩国本土的商家展开合作，从而避开民众情绪的锋芒。一番调研后，韩国乐天集团进入了柳井正的视野。

乐天集团是韩国零售业的龙头老大，其成立于1948年，乐天的历史几乎可以和柳井正的年岁画上等号。现如今的乐天集团是韩国流通行业中最大的企业，其业务已经扩展到了包括中国和日本在内的九个国家，旗下还拥有着三十多个子公司。能够和乐天集团合作，柳井正把这看作是优衣库进军韩国成败与否的关键一笔。

于是，在2004年，优衣库和乐天集团合作成立了迅销高丽株式会社。2005年9月，在乐天百货商店和乐天市场中，优衣库开设了三家店铺。这一切都只是在尝试，柳井正希望通过小规模的店铺展开可以让调研人员搜集到有关韩国消费者的购物习惯和商业资讯。

2007年12月，优衣库在韩国的第一家大型独立店铺——明洞店终于开张了。明洞店位于韩国首都首尔市最繁华的商业街上，商场的营业面积超过了2000平方米。在亚洲地区，唯一可以与之相媲美的只有上海的正大广场店。

优衣库在韩国的发展还算是比较顺利。从最初的小规模店铺开始，优衣库就一直处于稳步发展的阶段。长时间口碑的积累使得明洞店开张后，优衣库在韩国消费者的心目中达到了前所未有的新高度。柳井正决定趁热打铁，陆续在韩国开了三十多家新店铺。优衣库一扫韩国人惯常抵制日货的态势，每一家店铺都发展得红红火火。

当评价优衣库在韩国的成功时，很多人都认为这是因为其借助了乐天集团的势力。柳井正对此却有自己的看法。他表示，一个人如果具有正确的判断标准，即使身处陌生境地，也不会感到困惑，更不会就此停止探索的脚步。优衣库能够获得成功，是因为优衣库一直坚持的经营策略是真正符合消费者需求的，这是所有经营活动的基础。

在新加坡开店，面临的困难几乎都是写在表面上的。尽管这里是个富庶的岛国，可整个国家的人口加起来也没有东京多。在新加坡的发展过程中，政府把精力更多地运用在调动资源上面，从而使得日常的行政管理体制也具备了军事化特色。从表面上看，新加坡是一个国家，但其内里更像是一家商业公司。在新加坡，无论是什么种族、肤色、性别和受教育程度，所有人都能找到一份称心的工作，并得到报酬。

这种同舟共济的精神，深深地触动了柳井正。

柳井正担心的是：第一点，优衣库会不会因为这里市场过于狭小而没有销量；第二点，如果遭到当地人抵制的话，优衣库将要面临的后果不堪设想。

但相比之下，新加坡本身的优越性也着实对柳井正有着难以抗拒的吸引力。他说："新加坡是区域枢纽，对东南亚市场有极大的示范作用；第二，新加坡人均收入相当高，他们完全负担得起休闲品牌消费，生活素质高，接受能力也就更强。"

因而，优衣库必须要入驻新加坡市场。为了避免自己所担心的问题出现，柳井正在一番思考后，决定照搬韩国的经营模式，继而把成功复制到南洋。

Wing Tai有限公司最终成了柳井正的选择。这是一家主营牛仔裤的公司，原本是一家香港企业，新加坡刚刚建国时，公司的老板对一位经营者的儿子说："你们年轻人或许应该到新加坡去闯一闯。"就这样，Wing Tai在新加坡就扎下了根。

柳井正通过Wing Tai香港总部的经营者联系到了新加坡的负责人，他半带请求地说："和我们联手，在新加坡共同开展优衣库业务如何？"其实，优衣库和Wing Tai香港总部之间早就有了业务上的合作，双方对彼此的信任程度已经达到亲密无间的地步。当柳井正提出想要与Wing Tai新加坡分部合作时，香港方面的经营者主动担负起牵线搭桥的任务。

虽然在谈判的过程中经历了一些曲折，但最终还是敲定了这份合作项目。优衣库的新加坡之旅也顺利起航。

2008年8月，柳井正携优衣库与Wing Tai有限公司合资成立了优衣库新加坡有限公司。半年后，优衣库在新加坡的一号店淡宾尼店顺利开张。

从开张当天算起，整整10天的时间，淡宾尼店每天都充塞着大量顾客。这一空前的盛况让柳井正之前所有的担心都放下了，而他所有的期望全都变成了现实。自此，优衣库在新加坡终于走上了一路通途。

常言道，一个好汉三个帮。柳井正说，他从来不认为请别人来帮忙是一件可耻的事情。成功没有固定的法则，"众人拾柴火焰高"的道理更不用多着笔墨，最难的一点是要懂得如何借力打力，才能真正实现"四两拨千斤"的奇效。

能做到这一点的人，必定是高手中的高手。

柳井正不觉得自己是高手，他说自己只是想要做好一件事情，那便是经营优衣库，给消费者提供更低价格、更高品质的服装。人人都有梦想，没有任何梦想是遥不可及的，只要坚持做下去，就一定能够拨开乌云见太阳。

2019年发布上半年财报中，优衣库营业额12,676亿日元，海外业务表现强劲，特别是在中国继续保持强势，整体实现了两位数的销售额和利润增长。柳井正说认为，优衣库的成功一半依靠中国人。除了是优衣库最大的海外市场，中国还担负优衣库80%的生产任务，每年有接近6亿件产品产自中国，超过80万中国人在为优衣库努力工作。

但日本本土市场似乎正在成为优衣库的后进生，对此，柳井正认为，比起门店开张速度，将要更多地考虑关闭和翻修调整。

除本土市场的萎缩之外，优衣库还面临着韩国市场的严峻考验。尽管早年经过层层困难打入韩国，但由于日韩经贸关系的进一步恶化，韩国发起抵制日货运动已数月，多个日本品牌在韩国国内的销售额减至一半以下。与2019年6月最后一周相比，优衣库在7月第4周的销售额锐减了70%以上。

对此，柳井正更加看重中国市场，考虑除了现有的北上广深强劲的一线城市外，进一步采取积极的店铺扩展策略，将店铺开到二、三线城市，预计将整个中国的门店数量在2021年突破1000家。

经商就像是一盘迷局，懂得布局棋盘的人，才能掌握大局，进而赢得整盘棋。

公益优衣库

说企业可以改变社会，因为企业拥有这样的权力或权限。但在权力和权限的反面是责任。这是相辅相成，表里一体的。人也这样，愈拥有权力和权限，就愈应该有敢于担当的责任感。柳井正认为，企业是受法律保护的，是被社会认同，是因在社会中发挥作用而存在的。当发展到在社会上拥有一定的权力和权限时，就必须时时考虑我们企业在社会上生存的意义，如何为社会做出贡献。

同时，作为企业人，还应该想到，消费者不仅了解你企业的外观形象，也知道你企业的所有内部信息。所以，如果你这个企业不能全心地为贡献社会而从事你的商业活动的话，人们不会支持你，来买你的商品的。人们在发生购买行为之前，会对企业及品牌作出一番甄选。

举例来说，如果你将要与某人一起共事，在此之前，你总会想方设法打听一下与此人共事是否合适等问题。譬如，我们要在一家公司订货，在下订单之前，也首先需要了解一下该公司的制造能力及生产速度如何。同样，人们的购物行为，也相似的道理。

柳井正意识到，在日本，人们对快速发展的企业都有误解。认为企业发展的快，但肯定也会如同流星一般，很快消失在人们的视野之中。"快速发展就等于灭亡。"这是日本社会早已经存在的公式。

很显然，这样的公式其实并不成立。只要有良好的经营理念，并且可以把经营理念从董事长到普通员工一路贯穿下去，到实际行动中去体现企业的社会价值。那时，一个具有鲜明企业文化背景的公司就可以对着全社会自豪地说出自己存在的意义。而大部分年轻的优秀人才只有真正明确社会责任时，才会意识到这一点的重要性。

要树立企业在社会上的正面形象，做公益事业无疑是最好的一种选择。其一方面让那个企业真真正正地为这个社会出了一把力，另一方面可以帮助企业很快地在公众心目中建立起良好的社会形象。

为此，柳井正管理下的优衣库都做了哪些这方面的工作呢？

一、开展回收计划

在所有活动中，最令人印象深刻的是优衣库发起的一次全球化商品回收活动。这项回收活动从2001年开始，最初的回收对象仅限于羊毛类衣物，2006年开始范围扩大到全部商品。回收的商品当初仅作为燃料等被循环利用。然而，世界上的难民营却正因衣物不足而陷入困境，在UNHCR（联合国难民属）的协助下，2007年以后，回收的旧衣物全部捐赠给坦桑尼亚、埃塞俄比亚、乌干达、尼泊尔、格鲁吉亚等世界上12个国家的难民营，进行循环再利用。

从2009年3月1日起，这一活动从过去的一年2～3次变为全年实施。

回收的衣物将捐献给世界上约3000万的难民，让每个难民获得1件以上的捐赠衣物是这个活动所期待达成的目标。通过全年活动展开，2009年共回收了262万件旧衣物，5年内优衣库计划将这一数字增加到每年3000万件。

优衣库的这一做法，为自身累积了大量的社会声誉。一些想要帮助难民但自己却力不从心的人，他们把希望全都寄托在了优衣库的身上。家中不想再穿或者已经过时的优衣库服装，在迅销公司的帮助下，终于派上了大用场。

为此，柳井正还和联合国难民救济总署以及各个地区的NGO组织主动联系，他们根据难民所在地的地理环境和气候因素的异同，派专人对回收的衣物进行分拣，以便能够准确地把衣服送到最需要的人手中。

柳井正说，因为这些衣服，而让难民区的人保持了最基本的尊严。衣服不仅能够避寒，还能够防治受伤和传染病。并且，不少难民营中的小孩儿在有衣服可穿之后，还因此而得到了上学接受教育的机会。优衣库的一个有心之举，可能就会从此改变一个人的一生。

深得好评的服装回收计划，让优衣库真正成为了改变世界的一员。

二、雇佣残障人员

日本法律规定，一个企业对残障人士的雇用率为1.8%，但优衣库的雇用率在2008年1月份时达到8.06%，远远超过国家规定的比例要求，在日本的大企业（员工人数超过五千名）中，达到顶级水平。现在优衣库约有八成的店铺都在雇用残障人士。

当然，优衣库原来在雇用残障人士方面的比例也是非常低的，没有达到法定雇用率的部分，也因此交了这方面的罚金。

一次偶然的机会，在大阪的一家优衣库店里，因为无意中雇用了一些残障人士。结果发现，由于他们的到来，商店里员工之间的沟通变得流畅了。看到他们那么努力工作的样子，其他的店员就会想方设法去协助他们，或者开始关心他们。由于员工一般都比较年轻，第一次切身体会到应该关切协助一起工作的同事，人格方面也得到了成长。结果，这家店的工作效率要高于其他的店铺。

鉴于雇用残障人士给整个公司带来了积极的正面影响，从2001年开始，柳井正要求各家店铺必须雇用残障人士，一个店铺一名以上。其结果，达到了现在的这个非常高的雇用率。

经过一段时间的考核发现，残障者和健全者在一起工作，两者之间并没有很大的差异。即使身心都健康的健全者，其实也都有这样那样的弱点和欠缺的地方。反过来说，残障者的加入，只要多为他们着想一点，工作上他们能够胜任的。大家作为一个团队一起工作，增加了团队的整体感和凝聚力，高效率的店铺也就产生了。

另外，因为残障人员得到雇佣，其家属相比较正常家庭的家属而言，更具幸福感，残障人员他们更加热爱工作、生活和家人。可以说，这才是真正意义上的，都为社会做出了贡献。

三、濑户内海橄榄基金等CSR活动

濑户内海拥有美丽的海域以及生长着原生态森林的岛屿，是种类稀少的内海，原本也是天然的鱼仓，日本列岛中最富足的海湾。但到1940年代末，日本战败后需全力发展经济，工业布局开始向沿海集中，濑户内海沿岸更被选为最重要的工业基地，而濑户内海很快成了这些工业部门的共用下水道，工厂把未经处理的工业废水随意排入内海，这些废水里，铜、铅、汞等重金属含量高得惊人。

1955年以后，濑户内海的污染日甚一日，原来十几年一次的赤潮，后来发

展到一年几百次，鱼虾绝迹，1/3的海底成了臭泥塘。在这个过程中，发生了震惊世界的水俣病：熊本县水俣湾的百姓吃了从濑户内海中捕捞的含有高毒性的汞污染的海产品，导致痴呆麻痹、精神失常，而且这种病会遗传，居民一代一代地往下发作。水俣病震惊了世界。从1970年代开始，日本开始着手治理濑户内海，用了长达近30年的时间，如今依然在治理当中。

从2001年开始在优衣库各店铺设置了募捐箱，希望可以得到顾客们的捐赠，同时公司还进行了相同数额的匹配捐赠。到2008年8月为止共募集到1亿300万日元的捐款，援助了5万7000棵植树及22个团体，清理了岛内第四号朝拜寺庙的道路，还与岛上居民进行了深入交流。

期间，优衣库职员除了参加了优衣库志愿者俱乐部的植树活动，还在相关组织的指挥下，学习了产业废弃物问题，还在"丰岛是我们的问题网络事务局"的市村康先生的指导下，开展清扫北海岸、清除外来入侵植物丝兰、处理由于台风漂来的泡沫塑料垃圾的活动。

其他的CSR活动，优衣库还配合"日本特奥会"（编注：透过体育活动，协助智能障碍者参与社会活动、建立自信的国际组织）举办了一些活动，进行了全方位的支持，举办"优衣库儿童足球比赛"，紧急灾难发生时的服装提供，补助优衣库员工参与特奥会义工活动，所有商品回收再利用活动等。

另外，优衣库还进行了与合作单位之间是否存在纠纷等的问卷调查，到生产厂家去，定期调查工人的劳动环境等，并把调查结果写入"CSR报告"中，每年公开发表。

并向受灾地区捐赠由优衣库和G.U.提供的日常生活急需的防寒衣物HEATTECH保暖内衣30万件，以及各类贴身衣物、外套牛仔裤和毛巾等救灾援助物资，物资价值7亿日元。

公司还将在其全部的2200家门店中为救灾募捐，计划在全世界的优衣库、G.U.、COMPTOIR DES COTONNIERS、PRINCESSE tam tam、Theory的各家店铺内设置捐款箱，接受顾客的捐助，由迅销集团负责将从世界各地募捐而来的援助金送往灾区。

四、地震大捐赠

2011年3月11日，一场9.0级的大地震改变了所有人的梦想。地震发生在日本岛的边缘，人们甚至还来不及避难，海啸就迫不及待地袭来。生命在大自然面前显得如此脆弱，高达10米的海啸带着撕裂一切的杀气横冲而来。

整个日本陷入了恐慌和悲痛之中，东京街头到处都挤满了避难者，人们不知道在如此狂虐的自然灾害面前自己还能做什么。

这场地震对优衣库造成的影响也是空前的。据《日本经济新闻》《产经新闻》等媒体报道，优衣库因为销量不佳而股价大跌。这一次灾害的冲击甚至比两年前的国际金融危机还要严重。

2008年的金融海啸，柳井正带领着优衣库迎头而上，结果不但实现了优衣库的销量佳绩，同时还给自己赢来了日本新首富的名号。今天的这场大海啸又给他和优衣库带来了什么？

优衣库的内部数据显示，因为地震，有超过160家店铺不得不关门停止营业；地震和海啸造成的停电，使得优衣库70多家店面不得不缩短营业时间。受此影响，优衣库3月份的销售额下降超过了10%。这只是看得见的损失，而股价的大跌等看不见的损失根本就没有办法用数字来形容。

柳井正在这个危难关头，用自己的行动证明了首富不只是资产上的富足，更应该是精神上的富足。地震之后，柳井正在第一时间于优衣库官网上发表声明，迅销集团将会为灾区捐赠3亿日元，所有迅销集团的员工自发募捐了1亿日元，而柳井正更以个人的名义捐款10亿日元。这笔共计14亿日元的捐款全部交由日本红十字会用于组织救援活动。

同时，在优衣库的2200家店面中全都展开了救灾计划。每个店铺都设置了募款箱，消费者每投进去一份爱心，工作人员都会代表灾区的人们微笑着送上一句"谢谢"。

除了捐款捐物外，柳井正还聘请设计师专门设计了日本赈灾TEE系列的服饰，甚至还请到了贝克汉姆的妻子维多利亚以及雷迪·卡卡等国际知名人士参与到设计活动中。当红女星雷迪·卡卡为日本灾区亲手设计的手带在其个人网站上刚上线几小时，就被狂热的粉丝抢购一空，其所得的款项全部都由优衣库代为转交日本红十字会用来组织救援活动。

或许，这个时候金钱并不能够解决一切困难，但柳井正和公司的全体员工已经用实际行动证明了，人道主义才是永远的时尚，用爱去温暖人心，才是最根本的以人为本，才是优衣库唯一不变的理念。

一场地震，可以改变人们的生活现状，但柳井正却不认为天灾能够改变每个人积极向上的生活勇气。失败并不可怕，因为还有这么多人在背后支持着日本民众要勇敢地站起来，用爱的力量击垮灾害带来的冲击。

企业家永远都不是只为自己而活的，这也是这场地震给柳井正带来的思考。

英语，是一张通行证

每年的年尾，柳井正都会给全公司的人发一封邮件，这是他的习惯，他希望公司的每一个人都能够了解到公司在这一年的发展，以及在下一年度应该努力的目标。在2011年年尾，柳井正给全公司人员发送的邮件中，确定了公司下一年度的发展方针"不变则亡"。

这一年，是优衣库的"转型期"。这个方针从字面上看，多少有些晦气的感觉，但是这却是不得不面对的问题。柳井正深知，优衣库能走到今天的位置，完全因为一直秉持着"不断改革"的信条。只有变革，才能让公司在经济衰败和地震灾害的双重阻碍下继续向前发展下去。所以他在邮件中鼓励大家，要大胆舍弃现有的东西，制定出新的目标。其中一个目标，就是公司内部将英语作为基本的交流用语。

做出这个决定，是柳井正在比较全球各家优衣库专卖店的销售额时，发现了一个有趣的现象，作为从日本发展起来的本土企业，在销量排行榜上，日本的优衣库却不是排在第一名，第一名是巴黎歌剧院店，第二名在纽约，第三名是台湾的店铺，第四名才是优衣库的银座店。在销售前十强中，海外店铺几乎占据了半壁江山。

这个现实让柳井正认识到，海外市场还有很大的上升空间，因此加紧进军海外市场是推动公司发展的关键因素。而英语作为通用的交流用语，就像是一张敲开世界各国大门的通行证。这让柳井正不禁想起自己年轻时学习英语的场景，那时候因为工作关系，柳井正不得不学习英语，但是却因为不够娴熟，在面对外国的客户时，自己总是充当那个多听少说的角色。一方面是因为自己不知道如何开口表达自己的意思，另一方面他也希望多听能够提高自己的英语水平。

所以，很早以前，柳井正就曾在公司强调过学习英语的重要性，但是那个时候真正学习的人只有很少一部分。但是随着海外开店的数量越来越多后，公司内部使用英语交流的频率也越来越高。为了让公司早日跻身于国际化大公司，柳井正实施了"高压"政策，将英语作为公司内部的通用语。

例如：在公司召开内部会议时，哪怕只有一个母语与大家不同的人参加，那么会议也要用英语进行。公司的内部文件，也要英语、日语各准备一份。凡是在迅销集团工作的员工，必须具备随时随地都能够用英语交谈的能力……

这一政策的下达，几乎就在告诉迅销集团的所有员工，不学习英语的人将被驱逐出优衣库。于是，许多不满的声音此起彼伏。有人说，柳井正看不起日语；还有人说柳井正这是在剥夺员工选择语言的自由。

针对这些反对声，柳井正只用了一个问题就让大家闭住了嘴。这个问题是："我们可以在国外的店铺使用日语吗？或者说，我们可以强迫外国人说日语吗？"答案显然是无法做到的。优衣库将发展越来越多的海外店铺，也会有越来越多的日本员工被派往海外。当然，也有当地语言可以选择，但是英语作为商务沟通的工具，是全世界使用最广泛的语言，所以学习英语是必然的选择，如果不学习英语，今后在优衣库将无立足之地。

为此，柳井正还特地用巴黎歌剧院店的店长真田秀信作为例子来说服大家。巴黎歌剧院店是优衣库在全球范围内销售额最高的店铺，这个成绩与店长真田秀信不无关系。最早真田秀信担任的是英国伦敦店的店长，而后又被派往纽约，接着又回国工作了一段时间，然后又开始掌管巴黎的门店。

真田秀信先后在英国、美国、法国等地工作，如果他只会说日语，又怎么能将业务迅速地展开来呢？像真田秀信这样的人才，在整个迅销集团差不多有十几位，但是这还远远达不到柳井正的期望值，他希望在优衣库这样的人才是随处可见的。

因此，柳井正还准备派更多国内的店长去国外工作，让他们去学习国外的语言和文化，让他们成为一个独当一面的商人，而不是一个只会卖货的打工者。另外，柳井正决定招聘更多的外国人到优衣库，让迅销集团真正成为一个国际化的大公司。这样一来，学习英语就成了势在必行的事情。否则，今后员工之间的沟通都会成为问题。

为了能够"监督"员工们的学习，柳井正采用了E-Learning的培训方式，在E-Learning的系统中，柳井正要求每个员工每天学习英语两个小时，如此坚持一年的时间。同时，在这个系统中，柳井正能够很清楚地看到每个员工的学习状态，谁的进步大，谁却一直停步不前，柳井正了如指掌。对于那些成绩始终没有起色的人，公司就会让他自己承担这笔学习的费用。

在柳井正的带动下，大家终于积极地投入到英语的学习当中了。每当在公司的走廊里听到员工们用流利的英语进行工作交流，柳井正都有一种自豪感油然而生。但是作为日本人，他并没有抛弃日本企业的精髓，而且永远也不会这样做。

美好的憧憬

经历了两次经济危机，也经历了因为低价热销人们买回去衣服后就将商标剪掉的尴尬，经历过销售额和品牌认知度一起下降的惨败，但幸运的是，柳井正从来没有错过关键的市场机会，也从来没有丢掉自身的竞争力。在喜欢冒险的性格指导下，柳井正把优衣库打造成了日本的国民品牌。他还联姻了众多国际知名设计师，在提升优衣库服装质量的同时，更提升了服装的品位。

2014年，优衣库已经在全球14个国家，开设了1500家门店、13家旗舰店，成了全球第四大快时尚品牌，排前面的分别是ZARA、H&M和GAP，距离柳井正称霸世界的梦想，此时已经这样近在咫尺了。

一胜九败的经营哲学，让他成为全球最成功的零售商之一。

毕业于早稻田大学经济学系的柳井正，似乎从来都不喜欢按常理出牌。从他继承父亲西装店铺的那一刻开始，柳井正就在刻意违背着当时风行的奢华之风而将目光对准了平民百姓。柳井正从一开始就知道自己要什么。关键在于，在通往梦想的道路上，有的人放弃了，只有坚持下来的人才是真正的勇者。

当下的柳井正和他的优衣库，早已经脱离了刚刚成长时的稚嫩。首富，对他来说只能证明过去的成功。柳井正曾说："成长，不能够变质为膨胀。"这也是他当上首富后的心声。

面对更长远的未来，柳井正郑重忠告全体优衣库人：即使我们现在成为大企业了，也不会丢弃做零售小企业的精神。这份精神就是变革。优衣库不能停下变革的脚步，否则就会被潮流抛弃。他说，当下自己最需要做的事情是，忘记背后的屈辱和荣耀，抬头努力向前进。

"今年开多少分店，关闭多少家；明年再推出多少家，关闭多少家。"类似的计划都会事先在公司内部公布。柳井正最害怕的一个词是"膨胀"，他希望优衣库的每个店长和店员都能够时刻保持着忧患意识。如果常处于"不进取"的状态，那就离关门不远了。

这不仅仅是对于一线工作人员的要求，更是柳井正对公司内每一个员工的期望。在客服部的墙上挂着十多块牌子，每个牌子上分别写着公司历年来的不同目标。柳井正希望用这样的方法来激励公司的员工，告诉他们优衣库是一个一直在不断追求变革与进取的公司。永远保持不死的向上之心，是他最大的愿望。

回头看看自己的成绩，柳井正满是温情地说："我想通过我们大家团结一致的努力耕耘，能够成就一番事业，累也让人感觉很满足，这就是一种幸福。"

2016年，柳井正这个快70岁的求索老顽童，还在担任着公司的最高领导者，为着优衣库的未来而奔忙，他本希望自己在65岁之前找到接班人的计划落空了。但是对于这个问题，他已经不再像过去那般执着了，也不再想着自己放下一切日常事务，专心去做个投资者了。因为他明白，作为一个创业者，字典里没有"退休"二字。在这一年的美国《福布斯》杂志发布的当年全球富豪榜中，柳井正以146亿美元的资产力压软银集团的孙正义，再次成了日本首富，这已经是他第五次夺得这个称号了。

这是对于经营者最高的殊荣，柳井正感到非常幸福，也很自豪。但这也正是柳井正最担心的地方，作为握有全公司过高权力的人，他害怕自己会越来越看不清自己，这样就会阻碍员工自己思考、判断和行动。

做世界第一，这是柳井正成为日本首富之后最大的梦想。为此，他在自己的身边集结了一批十分优秀的人才，让他们作为自己的智囊团，检验着自己所做出的每一个决断，以此来降低自己犯错误的可能性。

这种"危机感"从小郡商事开始，就一直伴随着他。回望优衣库的发展，绝不能用"一帆风顺"来形容，其发展轨迹就像是过山车一般，忽上忽下，看得人们心惊肉跳。但是柳井正总是能将慢速发展和危机作为跳板，然后如鲤鱼跃龙门一般，在世人面前展现出一个更新的姿态来。

而这样的创业神话还在继续，未来的路还很长，柳井正的传奇故事也将继续书写下去……

后 记

我们撰写此书的心旨仅在借此给广大读者提供思考、解决问题的方式，给读者带来点滴感悟，激发片刻思想灵光，开启人生智慧的全新视角。

本书能够顺利出版要感谢李锦平、杨忠、高海友、李丽、高红敏、龚学刚、才永发、王云强、王帅、吴丹、宋华、刘作越、马海峰、孙海鹰、吴春雷、陈艳丽、张丹、陶也、李仁成、郝洪亮、孙海鹰、郑海等众多人力的支持，是他们的积极参与和提出的宝贵意见使得本书更趋完美。

最后，再次感谢他们一路辛苦的付出和陪伴。